Comtesse de Pourtalès

ROBERT GROSSMANN

# Comtesse de Pourtalès

*Préface de Philippe Séguin*

LA NUÉE BLEUE

*L'auteur tient à exprimer sa gratitude à*
*Madame Agnès Boulard*
*Monsieur Christian de Pourtalès*
*Monsieur François de Pourtalès*
*Monsieur Christian de Watteville-Berckheim*
*qui tous ont accueilli avec sympathie sa démarche et lui ont permis de la mener à bien*


ISBN 2-7165-0369-9

# Préface

*par Philippe Séguin*

Qui connaît Robert Grossmann ne peut s'étonner qu'il s'intéresse à l'Histoire. À l'histoire de l'Alsace bien sûr, dont Mélanie de Pourtalès est une haute figure, mais aussi à l'histoire de notre pays, et plus précisément au Second Empire dont on ne se lassera pas de souligner la grande modernité – ce qui ne va pas, chez notre auteur, sans une certaine sévérité pour « la cour ».

Le rôle que les femmes jouèrent alors est un signe parmi d'autres de la jeunesse qui anima la France du premier âge industriel. Outre Mélanie de Pourtalès, cette période offre à foison des portraits de femmes hors pair, ce que l'on pourrait appeler « des femmes d'influence » : l'impératrice Eugénie, la princesse Mathilde, sans oublier des figures moins officielles, mais non moins marquantes, comme le furent George Sand ou encore – dans des registres fort différents – Louise Michel et Hortense Cornu.

Mais au fait, pourquoi avoir choisi Mélanie de Pourtalès ? On trouve d'elle quelques traces chez Proust, qui laissent penser que le salon qu'elle tenait rue Tronchet était moins culturel qu'il n'était mondain. On se souvient aussi du portrait que brossent d'elle les Goncourt, portrait sans faveur dans la ligne habituelle des terribles frères. *Last but not least*, les chroniqueurs et les historiens de la période savent qu'elle était très belle et qu'elle formait, avec sa grande amie la princesse de Metternich, un duo qui illumina Paris – ou, du moins, cette partie de Paris qui, en ce temps-là, resplendissait de fêtes, de cérémonies et de mondanités.

Ce n'était sans doute pas l'unique raison pour laquelle Edmond de Pourtalès, belle figure d'une prestigieuse famille protestante, avait épousé Mélanie de Bussierre, fille du président du conseil général du Bas-Rhin : cette femme qui aurait pu n'être qu'une belle et brillante égérie parisienne était aussi et surtout une femme de tête, dont Robert Grossmann dit joliment que si sa « *beauté avait été moins éclatante, on l'aurait peut-être écoutée davantage* ». Il pense sans doute à la remarquable prescience dont elle fit preuve dans les dernières années de l'Empire, en cherchant à alarmer la cour sur le danger allemand, échouant à dissiper cet aveuglement où la France se réfugie fréquemment au fil de son histoire… Il pense aussi au rôle politique fort bienvenu qu'elle joua quand l'Alsace fut devenue allemande. Dans son château d'Alsace, le château de la Robertsau, que les Strasbourgeois appellent volontiers de son nom et dont l'auteur retrace plaisamment l'histoire, elle multiplia les liens avec les intellectuels de la capitale, et ce foyer culturel anima alors ce que l'on pourrait appeler une forme de « résistance » à l'occupant : résistance toute intellectuelle, certes, mais n'était-ce pas là l'essentiel ? Ce faisant, elle parvint à maintenir (avec une habileté que la France n'a pas eue toujours, en particulier après la Grande Guerre), la vitalité et l'originalité culturelles de l'Alsace, qui fait de Strasbourg, aujourd'hui encore, l'un des hauts lieux de la vie française et de son rayonnement en Europe.

On comprend mieux, ainsi, le choix de Robert Grossmann, qui s'inscrit en parfaite logique dans la continuité sans faille de ses choix politiques. D'ailleurs, en nous faisant mieux connaître Mélanie de Pourtalès, c'est aussi l'auteur lui-même que ce livre révèle. On connaissait Robert Grossmann pour son attachement au gaullisme et pour le rôle qu'il joua, pendant de longues années, pour lui donner une plus large audience parmi les jeunes (et il faudra un jour écrire aussi l'histoire des jeunes gaullistes, à travers, notamment, l'Union des jeunes pour le progrès qu'il a su animer avec son enthousiasme et sa chaleur, son dévouement aussi...). Voici que nous découvrons un autre Robert Grossmann, l'élu attaché aux meilleures traditions de sa terre d'Alsace, et finalement l'historien, l'érudit qu'un talent d'écriture vient ici dévoiler avec bonheur.

Remercions-le, après tant de services rendus, de nous donner aujourd'hui un livre riche en découvertes de toutes sortes qu'on sera heureux de lire et de garder pour soi, et qui donne un éclairage supplémentaire sur une période de notre histoire que nous ne finirons jamais, tant elle est riche, de connaître et d'aimer.

Portrait de Mélanie de Pourtalès
par Franz Xaver Winterhalter, en 1857

# AVANT-PROPOS

À l'automne 1868 personne ne sait réellement que le dernier acte de la fête impériale est en train de se nouer et que la tragédie est proche. À Paris, à la cour des Tuileries, c'est toujours le même sentiment qui domine, dans un tourbillon de plaisirs et de certitudes: la France sera toujours irrésistible.

Au château de la Robertsau, à la table de la comtesse de Pourtalès, une discussion passionnée s'engage avec le général Ducrot qu'elle a tenu à inviter de manière pressante. Mélanie, retour d'Allemagne, lui livre ses observations et ses renseignements inquiétants.

La Prusse se prépare à la guerre, explique-t-elle à ce chef des armées en poste à Strasbourg qui se montre surtout attentif à la beauté de son hôtesse.

Ducrot est en effet sceptique mais il analyse les arguments de madame de Pourtalès et finit par être troublé: l'état d'esprit de la Prusse est détestable... et s'il annonçait réellement une volonté de guerre? Les inquiétudes de Mélanie méritent d'être prises au sérieux. Elles ne peuvent être balayées d'un revers de la main. Le général gouverneur militaire de Strasbourg encouragera les démarches de la belle Alsacienne. Avec elle il cherchera à alerter le gouvernement de la France.

Dès son retour à Paris, Mélanie interpelle l'empereur en personne lors d'une des célèbres « séries » de Compiègne.

Elle se heurte à l'incrédulité condescendante de Napoléon III qui lui signifie en quelque sorte: « Sois belle et tais-toi ».

La comtesse de Pourtalès avait une bonne connaissance des choses de l'Europe. Ses origines alsaciennes mais aussi ses liens familiaux et amicaux en Allemagne et en Autriche y contribuaient fortement. Elle fut ainsi l'une des rares personnalités de la cour impériale à pressentir le drame de 1870.

À cet égard, l'histoire ne lui a pas réservé la place qu'elle méritait, mais ses contemporains eux-mêmes n'étaient guère prêts à l'entendre. Si, tel le nez de Cléopâtre, la beauté de Mélanie avait été moins éclatante, on l'aurait peut-être écoutée davantage. L'histoire aurait alors changé son cours. Une bonne connaissance par le gouvernement impérial des manœuvres prussiennes et des intentions de Bismarck, entraînant à temps les mesures politiques et militaires indispensables, aurait évité l'humiliation de Sedan.

Si Paris a été aussi indifférent à ses démarches, on pourrait retenir un autre facteur aggravant. Celle qui cherchait à ouvrir les yeux à la cour des Tuileries était une Alsacienne. Elle sentait bien que la défaite de la France en 1870 ferait essentiellement le malheur de l'Alsace. Or, à quelque cinq cents kilomètres des préoccupations parisiennes, le sort de la province rhénane n'inquiétait guère les hôtes des Tuileries assoupis dans leurs propres certitudes. La suite démontra que c'est bien l'Alsace qui fut sacrifiée aux intérêts supérieurs de la France défaite. C'est elle qui restera la grande victime du désastre français. Cet épisode de la vision prémonitoire de Mélanie constitue un solide prétexte pour que l'on s'intéresse à elle. Il n'est pas le seul. Madame de Pourtalès avait en effet une activité épistolaire non négligeable. Certes, elle n'était ni madame du Deffand ni madame de Récamier. Pourtant avec Pauline de Metternich, Louis de Turenne et ses autres correspondants, elle fabriquait, au jour le jour, un passionnant journal mondain tissé avec une sorte de généreux papotage littéraire. Si le futile en constitue l'ordinaire il le cède parfois à des traits de génie, à des visions fulgurantes. Pauline par exemple lui décrit en 1913 « les cruautés atroces des Serbes et les massacres qu'ils commettent sans arrêt. Ils tuent pour rien. Femmes, enfants, vieillards, tous y passent et cela par milliers… »

Comment, d'autre part, ne pas saluer cette spirituelle mise en garde sur papier frappé d'une aigle couronnée : « Je vous conjure de ne pas mener Agnès aux catacombes. Je suis persuadé que c'est de là qu'on rapporte la moitié des fièvres de Rome et c'est déjà trop de l'autre moitié due aux Marais Pontins. Le pèlerinage sous-terrain est au moins aussi inutile, et mourir de l'odeur d'un martyr n'est pas synonyme de mourir en odeur de sainteté ! »

Un marquis de Rougé lui exprime son bonheur des jours passés près d'elle qui n'a d'équivalent que la tristesse des jours qui ont suivi son départ de la Robertsau. Son retour a été lugubre, écrit-il ; le ciel s'était mis à l'unisson de ses pensées, et il demande la permission d'envoyer à la Robertsau « ce spécimen de fruit de marronnier remontant, disent les Provençaux, aux Sarrasins qui, heureusement pour nous, n'ont alors pas tiré tous les marrons du feu… »

La lecture des lettres à Mélanie conduit à redécouvrir un siècle, à relire de manière inédite une époque sur lesquels on pensait avoir une idée définitive.

Un coin de terre y apparaît, la Robertsau, comme l'île de toutes les nostalgies. Ce pourrait être le « Milly terre natale » ou le « Grignan » de Mélanie. C'est aussi une passion partagée par tous ceux qui fréquentent le lieu quelle que soit l'époque.

Le site est magique, le parc envoûtant et tout ce que l'on ignore du château accentue le désir de rêver mais aussi l'envie de savoir. À cet égard, les récits des anciens du village sont peuplés du souvenir un peu irréel de la grande dame de la Robertsau. Les Strasbourgeois passionnés d'histoire connaissent les noms de Bussierre et de Pourtalès sans plus. Les amoureux du Second Empire savent que la comtesse y avait été célèbre. Rien finalement de très précis mais tout pour aiguiser la curiosité.

La mémoire collective s'accorde sur la beauté de Mélanie et tous les témoignages écrits la confirment. C'est avec un « Ave Dea » que la salue un de ses soupirants anonymes en guise d'introduction à une étonnante et inédite lettre d'amour. Comment donc ne pas chercher à mieux connaître l'aventure de celle qui fit chavirer tant de cœurs en demeurant sans doute très sage ?

Mélanie fut une femme de culture. Amie des arts, passionnée par la comédie, elle participa aux côtés de son amie Pauline à la bataille de *Tannhaüser.* Bien en avance sur son temps elle cherchait à faire aimer à des Parisiens perplexes et conservateurs un Wagner qui sera l'objet d'un véritable culte quelques décennies plus tard. Mais l'aspect le plus attachant de sa personnalité, sa qualité principale, c'est la fidélité. Fidèle à l'empereur y compris dans les épreuves les plus cruelles, fidèle à ses amis sans la moindre réserve, elle fut aussi fidèle à sa Robertsau et à l'Alsace dont elle épousera en quelque sorte le destin difficile.

Déchirée entre la France et l'Allemagne, l'Alsace a vécu au rythme des instabilités tragiques à partir de 1870. Mélanie avait sans nul doute compris qu'elle n'en sortirait pas indemne tant les traumatismes furent profonds. De toute la force de ses convictions elle maintenait à la Robertsau l'esprit et la culture de la France qu'elle n'aura plus le temps de voir revenir en Alsace.

Sa fille Agnès, marquise de Loÿs-Chandieu, s'est attaquée au fameux « malaise alsacien » en réunissant à la Robertsau, dès 1926, une pléiade d'intellectuels français autour de François Mauriac.

Lire l'histoire de Mélanie c'est aussi relire l'histoire de l'Alsace entre deux cultures, c'est reprendre conscience de ses traumatismes et de ses malaises nourris par les séquelles de la rupture de 1870. Cheminer avec la belle comtesse c'est, certes, rêver sous les lustres des Tuileries, mais c'est aussi traverser les drames et les déchirures de l'Europe en ébullition. Pour l'Alsace, c'est peut-être continuer à exorciser les maux enfouis.

Le château de la Robertsau nous reste aujourd'hui comme un témoin silencieux.

Il a changé de fortune après avoir failli disparaître. Au moment de sa vente, dans les années 1970, sa démolition était à l'ordre du jour le plus sérieusement du monde. Il était alors question de projets immobiliers et de lotissements privés. Son destin dès lors a rencontré plus fortement ma passion et pour aller au bout de son histoire contemporaine je me vois bien obligé de sacrifier au récit personnel. Comment donc les municipalités récentes n'ont-elles pu réussir à assigner à Pourtalès une mission qui fût digne de son histoire ? Voilà un grand regret que partagent tous ceux qui rêvaient à un haut lieu culturel européen. Force est bien de constater qu'il y a là toujours une ambition qui sommeille, il n'est pas inintéressant de l'évoquer au terme de la saga des Pourtalès.

La château des Bussierre en 1846.
Carte postale d'après une gravure de Henri Bacher

CHAPITRE I

# Le château de la Robertsau

*« A vrai dire c'était un château enchanté. Rares étaient ceux qui avaient franchi son enceinte. On le peuplait par l'imagination. On savait seulement que cette demeure seigneuriale était habitée par une grande dame d'autrefois qui avait tenu un rôle insigne à la cour des Tuileries... Pour le reste on ignorait tout. »*

ROBERT REDSLOB, 1932

Madame Régamey, dans la monographie qu'elle consacra au château de la Robertsau, eut toutes les peines du monde à dissimuler son peu d'attirance pour le village. Voilà ce qu'elle écrivait, en 1905, dans la *Revue Alsacienne Illustrée :*

> À notre époque, nul n'eût songé à fonder là une luxueuse villégiature, quand non loin de là tant de fraîches vallées vosgiennes offrent des sites plus séduisants, quand sur quelqu'une de ces douces collines qui précèdent nos montagnes, on découvre au loin l'admirable plaine avec ses champs blonds et ses prairies, et les moires changeantes qu'y promène le caprice des nuages. Celui qui le premier construisit là sa demeure eut plus de soucis, sans doute, de plantureuses récoltes que de paysages romantiques. Son nom ne nous a pas été transmis par les archives...

Réprobation à peine contenue de la démarche du fondateur Paul Athanase de Bussierre ! C'est lui en effet qui, au début des années 1800, remarqua en lisière de forêt cette maison cossue mais bien ordinaire. Au cours de ses pérégrinations, il fut séduit par le site et sensible au charme qui s'en dégageait. Il décida de l'acquérir pour en faire sa « campagne ». Avec un sens de l'anticipation qui marque le caractère des hommes d'entreprise, il comprit tout ce que ce lieu allait un jour susciter de plaisirs et de rencontres.

Dans le monde de la noblesse d'affaires qui était le sien, il n'avait guère de concurrent pour lui disputer une telle acquisition. Tout juste ne passa-t-il pas pour un original en s'intéressant à ce pavillon perdu près des marécages et des bras du Rhin, au bout de la Robertsau, donc au bout du monde strasbourgeois.

Certes, en 1784, le baron Jean-Jacques de Coehorn en avait déjà fait une résidence secondaire, mais, tout de même, il s'agissait là d'une idée curieuse pour les mondains de l'époque. Seules les demeures châtelaines des piémonts vosgiens constituaient alors à leurs yeux la référence suprême.

C'était une vue assez traditionaliste des choses et ils ne s'imaginaient pas qu'en cette matière, la véritable pertinence consistait, au contraire, à découvrir un lieu et à en lancer la mode. Mais, après tout, l'essentiel n'était-il pas de s'y trouver bien ? Le site était d'autant plus intéressant qu'à proximité, mais en des endroits moins reculés, se trouvaient déjà quelques belles campagnes bourgeoises. Plus loin, au nord, le château d'Angleterre plus richement agencé était le modèle par excellence en matière de résidences secondaires.

## *La banque, la politique et les salons*

En épousant Frédérique de Franck, Paul Athanase Renouard de Bussierre s'installa à Strasbourg pour gérer les affaires de sa belle-mère et y diriger sa banque. Autant dire qu'il ne s'introduisit pas parmi l'élite de la ville en empruntant une porte dérobée. En 1806, Napoléon le nomma membre du conseil municipal de Strasbourg par décret impérial du 1er mai, ce qui lui permit de jouer le rôle auquel sa fortune, ses liens et ses origines familiales le prédestinaient. Renouard de Bussierre devint assez rapidement l'un des noms qui comptaient en ce début de XIXe siècle, tant dans le monde des affaires que dans celui de la politique strasbourgeoise.

Son épouse, la jeune Frédérique, réactiva le salon brillant que sa mère, madame de Franck, tenait en son hôtel particulier du quai Saint-Nicolas. On s'y adonnait à l'art de la conversation qui était le privilège des fortunes éclairées, et l'on estimait alors, dans la tradition de La Bruyère, que le silence entre gens de naissance était bien pire que « les plus inutiles des discours ». Le cardinal de Rohan constatait avec jubilation que madame de Franck était « une des trois femmes de Strasbourg qui causaient le mieux… »

« Cette ville passait pour un antre du bel esprit et avant la Révolution, le futur chancelier Clemenz de Metternich (dont la mère était d'origine alsacienne) avait été envoyé par son père pour y faire ses études à l'université de Strasbourg, visiter sa parente et s'initier au bon français. Il fréquentait le salon de madame de Franck », racontera plus tard dans son journal Élisabeth de Berckheim, fille d'Edmond et Mélanie de Pourtalès. Donc, chez les Bussierre, on cultivait les échanges et les débats d'idées et l'on s'arrangeait pour faire du salon un point de passage obligé de tout illustre personnage séjournant à Strasbourg. Cela s'inscrivait dans la tradition de la maison et fut poursuivi avec un certain bonheur. En effet, si on y vit jadis Goethe ou le grand Metternich, il y venait aujourd'hui Kellermann, Bernadotte et bien d'autres hommes célèbres.

Le salon contribuait à asseoir l'autorité politique naissante du baron de Bussierre en cette province que le destin lui avait désignée. En 1820, il fut député du Bas-Rhin et président du conseil général tout en continuant à jouer un rôle important dans l'industrie locale. Il fut l'un des artisans de l'achèvement des travaux du canal du Rhône au Rhin, appelé canal de

Monsieur, et à ce titre en devint l'un des principaux administrateurs. Autant dire qu'il était une personnalité du monde économique en Alsace.

Dans la conduite de ses affaires privées, Paul Athanase de Bussierre fit preuve de la même attention engagée et dynamique. Il agrandit son domaine de la Robertsau en achetant toutes les terres disponibles aux alentours. C'est ainsi que la propriété acquit une belle ampleur après 1830, vaste de quelque cent cinquante hectares de champs, de prés et de forêt.

La chasse tant courue des Bussierre était d'ores et déjà constituée.

Prévoyant jusqu'au bout, Paul Athanase partagea ses biens de son vivant en léguant la Robertsau à son second fils Alfred, époux de Mélanie Louise de Coehorn qui entreprit alors, en 1844, d'importants travaux d'extension.

La maison quelque peu ordinaire s'ennoblit d'un étage aux deux ailes, ce qui lui conféra une allure de belle demeure intime et familière dans son écrin de bois et de prairies.

Déjà les traits du château perçaient et ne demandaient qu'à s'épanouir sous les aspects de cette gentilhommière. Alfred Renouard de Bussierre en eut une vision claire et amorça la métamorphose. Elle mûrit longuement, tout en progressant par étapes fulgurantes. 1844 puis 1859 furent les années des campagnes de transformation et d'embellissement les plus significatives avant que, en 1899, Mélanie à son tour, n'entreprît de nouveaux travaux d'extension.

Tout au long de ces décennies, la propriété de la Robertsau fut l'objet de toutes les attentions de la famille de Bussierre. Elle y passait la plus grande partie de la vie de tous les jours à l'aménager, à l'embellir et à l'agrandir régulièrement. Dans cette opération de caractère patrimonial et purement privé, on pourrait déceler les qualités d'intelligence et de ténacité qu'Alfred Renouard exerçait dans la vie des affaires. Ce sont bien ces capacités là qu'il convenait de déployer en une époque taillée sur mesure pour les caractères entreprenants.

Symbole du plaisir et de la gloire recherchée puis accomplie par Mélanie quelques années plus tard, le château, d'étages en tourelles, d'ailes en dépendances, inscrivait en ce coin perdu les étapes d'une ascension dont les éclats allaient rejaillir sur une région tout entière. Que dire de la Robertsau, village maraîcher, sans la moindre existence sur les cartes de l'histoire et qui allait rayonner à travers toute l'Europe grâce à ce que l'on commençait à appeler de manière familière *s'Renouards Guet* (le domaine des Renouard) ! Mais la Robertsau, c'était bel et bien la campagne. La vie des affaires se déroulait en ville. Pour s'y établir et être au centre de ses activités, le baron de Bussierre décida en 1853 de se porter candidat à l'adjudication de l'hôtel d'Andlau, ancienne prévôté au numéro 23 de la rue de la Nuée-Bleue. C'était une maison patricienne au passé éloquent qui allait asseoir mieux encore la réussite des Bussierre.

Strasbourg, étape obligée sur la grande voie de l'Europe centrale, a toujours interpellé le voyageur. Dorénavant le nom de « la Robertsau » s'inscrira sur le carnet de route des hôtes de passage. En 1823, madame de Bussierre accueillera le futur Louis Ier de Bavière que des attaches solides liaient à Strasbourg, sa ville natale. Pour célébrer son passage à la Robertsau, on organisa une belle fête à laquelle Franz Liszt fut présent. Il s'était arrêté à Strasbourg à l'occasion de son voyage à Paris. Jeune prodige de douze ans, Liszt accepta d'interpréter une pièce qui lui avait été dédiée : *Les charmes de Paris*, rondo à quatre mains, mais il manquait deux mains… Madame de Bussierre pensa à son neveu Ferdinand de Turckheim qui avait le même âge que Liszt et qui faisait ses études non loin de là en pension chez les Redslob. Elle le fit chercher et les deux enfants exécutèrent avec brio une pièce qui n'était pas en elle-même très inspirée. Ils séduisirent bien naturellement tous leurs auditeurs qui gardèrent un souvenir marquant de cette exceptionnelle soirée robertsauvienne.

Alfred qui était associé à son père dans la gestion de la banque familiale fit preuve d'un solide sens des affaires. Ses qualités de rigueur, d'opiniâtreté et d'austérité, typiquement protestantes, alliées à un don de la finance qui ne l'était pas moins, lui permirent de forger la progression d'une réussite à laquelle il s'habituait avec sang-froid.

Ce brillant jeune homme tomba fort opportunément amoureux d'une jeune fille dont les parents ne pouvaient qu'approuver le choix puisqu'il s'agissait de Louise Sophie Mélanie de Coehorn, fille du « Bayard alsacien », héros des batailles napoléoniennes. Le nom était familier aux Bussierre car c'était à un Coehorn qu'appartenait initialement la « campagne » de la Robertsau. Sophie Mélanie habitait avec sa mère et ses quatre sœurs au château d'Ittenwiller près d'Andlau. Pour un Strasbourgeois, ce n'était pas la porte à côté, surtout lorsque de nobles et impérieux mobiles poussaient à s'y rendre avec une certaine assiduité.

*Alfred Renouard de Bussierre, un chevalier d'industrie*

C'est ainsi que le jeune Alfred, âgé de dix-neuf ans, vécut une véritable passion sans disposer toujours des moyens de locomotion pour aller l'assouvir confortablement. En effet, on rapporte que les parents Bussierre n'auraient eu qu'un seul cheval réservé à leurs enfants et il n'était pas toujours disponible pour les voyages amoureux d'Alfred à Ittenwiller.

Il s'y rendit donc souvent à pied, témoignant ainsi de belle manière et à la force du mollet, combien Louise Sophie était chère à son cœur. Vingt-neuf kilomètres franchis en quelque cinq ou six heures de marche constituaient un beau témoignage d'amour ! On imagine Alfred le long des routes poussiéreuses, à travers les raccourcis champêtres, précédant le lever du soleil, marchant vers l'objet de ses pensées, s'en retournant tard dans la nuit. Un authentique fait d'arme sentimental !

Dans la fougue de ses dix-neuf ans et sans hésiter, Alfred songea immédiatement au mariage. Pour ses parents il n'en était pas question avant la majorité. Il lui fallut donc attendre deux ans pour avoir le droit d'épouser officiellement Louise Mélanie en l'église de la Robertsau. Une telle rigueur et l'observation de principes quasi spartiates n'étaient pas étrangères à la réussite de la famille de Bussierre: Alfred eut trois jours de congé, trois jours seulement, pour célébrer ses noces.

Le mariage eut lieu par une belle journée de juin 1825. Elle marqua le début d'un parcours familial exemplaire par la durée et l'intensité affectueuse. Pour les deux époux, les succès, les honneurs, les joies intimes allaient se le disputer aux peines des épreuves que l'histoire ne se priverait pas de susciter. En tout état de cause, ils ne s'imaginaient pas ce jour-là que cinquante ans plus tard ils se retrouveraient dans cette même église pour fêter en grande pompe leurs noces d'or.

Alfred Renouard de Bussierre poursuivit son parcours ascendant stimulé par un tempérament volontaire et une réelle ardeur au travail. À trente ans il fut président de la chambre de commerce et d'industrie, puis directeur de la Monnaie à Strasbourg. C'est à cette étape, qu'en véritable capitaine d'industrie, il crée la société de navigation à vapeur sur le Rhin. Son autorité en matière économique et industrielle fut pleinement reconnue et son influence s'accrût au point de le conduire en 1845 aux honneurs de la députation et à la présidence du conseil général du Bas-Rhin.

En 1848, quand éclata la Révolution, il se trouvait engagé dans la délicate opération de sauvetage de l'usine de métallurgie de Graffenstaden menacée de liquidation. Cette mauvaise passe de l'histoire et ses désordres temporaires faillirent lui coûter sa fortune. Le destin des Bussierre connut alors un tournant où tout pouvait se produire y compris le pire et par conséquent la fin de toutes les glorieuses spéculations. Ce n'est que grâce à sa ténacité et à la présence agissante de ses amis qu'il put franchir le cap difficile. Dans l'adversité Alfred fit face. Sa famille fut à ses côtés et le sort fut favorable. L'usine repartit et connut un formidable essor assurant un rôle de pilote dans le développement de l'industrie du chemin de fer en France.

Dès lors, le souci de créer les conditions d'un véritable progrès social constitua l'un des objectifs de Bussierre qui accompagna le redressement de son usine par des mesures généreuses. « Par l'initiative d'Alfred de Bussierre furent créées toutes les formes d'assistance, d'enseignement professionnel, de coopération ouvrière, même de participation bénéficiaire, devançant de loin son époque et dont l'Alsace eut l'honneur de donner, la première, l'exemple. Lorsqu'il fonda une caisse pour les enfants et les femmes malades, il y contribua personnellement pour une somme de deux cent mille francs. » (*Saisons d'Alsace*, n° 26)

Bussierre apparaît ainsi comme un précurseur au plan social. C'est cette même démarche moderne, empreinte d'audace, qu'il cherchera à appliquer à la gestion de l'entreprise. En cela il épousait l'esprit d'une époque de prospérité industrielle que le prince Louis Napoléon, auteur de *L'Extinction du paupérisme*, voulut, lui aussi, essentiellement sociale.

Nous sommes en effet à l'aube du Second Empire et c'est en juillet 1852 que le prince-président viendra inaugurer la ligne de chemin de fer Paris-Strasbourg. On devine la portée économique et le retentissement d'un tel événement. Les festivités furent somptueuses et tout Strasbourg saluera dans la liesse l'arrivée de l'auguste inaugurateur et du train qui établissait les liaisons avec la capitale de manière si nouvelle. Les rues étaient en fête et la population acclamait sur leur parcours de la gare à la préfecture les hôtes impériaux.

Avec ce chemin de fer qui ne tarderait pas à relier la France et l'Allemagne, de larges perspectives européennes allaient s'ouvrir. C'est d'ailleurs l'usine de Graffenstaden du baron Renouard de Bussierre qui construisit en 1858 le premier pont-rail sur le Rhin. Plus qu'une ligne majeure de son carnet de commandes, l'exécution de ce pont revêtait pour lui une formidable valeur symbolique. En ces années 1850, les relations entre la France et les pays d'Allemagne n'étaient plus impossibles.

On pouvait songer à les développer et la Robertsau était idéalement placée pour jouer en ce domaine un rôle stratégique.

Un bel hôtel particulier au cœur de Strasbourg, une demeure attachante et singulière à la Robertsau, voilà donc planté le décor qui voyait évoluer et agir la famille Renouard de Bussierre. D'un côté la ville, ses obligations et ses mondanités, de l'autre la campagne, la forêt, la chasse et l'évasion qui permettaient en même temps le retour sur soi-même.

Industriel et banquier de premier plan, Alfred allait de conquête en conquête. Sa notoriété grandissante confirmait un réel talent. La politique en ce qu'elle suggérait d'honneurs et de préséance s'offrait à la famille qui allait jouer un rôle de tout premier plan en Alsace puis à Paris. Alfred Renouard de Bussierre qui développait les acquis de son père sera donc l'une des plus solides illustrations de la lignée.

### *L'éducation d'une jeune fille*

Sa plus belle réussite fut toutefois, à n'en pas douter, la conception, par une nuit inspirée de juillet 1835, de sa fille Mélanie qui verra le jour le 26 mars 1836.

Comme en un conte, les fées et les muses se penchèrent sur le berceau dispensant bonheur et grâces à ce nouvel astre de la famille Renouard de Bussierre.

La fatalité sait être capricieuse. Ses interventions peuvent accorder tantôt le désenchantement tantôt la réussite. C'est ainsi que Mélanie fut désignée aux promesses d'un firmament de gloire. Elle y brillera, en variant sans cesse ses feux et ses couleurs.

Bien évidemment le conte de fées ne fut pas permanent dans cette riche et longue existence. De sa naissance en 1836 à sa mort en 1914, bien des vicissitudes viendront altérer la sérénité de son âme. Elle fut et demeure une figure emblématique de l'Alsace dont elle a épousé le destin en l'incarnant et en l'illustrant de la manière la plus brillante. Comme toute figure de référence, elle est aussi figure de rêve transportée par le temps en une irréalité de légende. La quête de l'historien avec ses obligatoires minuties pourrait entraîner le fatal effet de la désacralisation. Avec Mélanie nous resterons sous le charme !

Des mouvements et des bouleversements d'une extraordinaire amplitude caractérisent son siècle. Sa vie de constance et de fidélité alsacienne a traversé trois régimes politiques aux ruptures violentes : la Monarchie de Juillet, le Second Empire, la Troisième République. Elle vécut deux révolutions. L'une, très jeune, à douze ans : celle de 1848 avec ses désordres parisiens et ses retombées strasbourgeoises ; l'autre à trente-quatre ans : la Commune de Paris. Elle subit la guerre de 1870 aux incalculables répercussions. Elle souffrit du déchirement tragique d'une histoire double et douloureuse : celle de l'Alsace allemande à partir de 1870, celle de « la France de Paris » où elle continua à vivre.

Paradoxalement Mélanie semblait exercer dans la sérénité une sorte de magistère de la grâce, de la beauté et du bon goût permanent au milieu d'un siècle où la violence et la brutalité des bouleversements politiques firent tonner leurs impertinences tragiques.

En 1852, l'année de ses seize ans, Mélanie fit son entrée dans le monde avec naturel et distinction. Sa voie sembla dès lors tracée. Le calendrier de l'histoire lui avait fixé à Strasbourg un rendez-vous prestigieux : le grand bal donné au théâtre en l'honneur du prince-président venu fêter avec l'Alsace le premier train Paris-Strasbourg. Les Bussierre y furent au premier rang accompagnés de leur fille.

Mélanie parut. Le prince la fixa longuement avec un regard exercé d'esthète, montrant ainsi qu'il savait apprécier tant de beauté en un tel écrin de jeunesse et de promesses. Il n'oubliera pas…

Mélanie, quant à elle, songeait qu'il y avait seize ans, l'année de sa naissance, Louis-Napoléon avait tenté son coup d'État manqué à Strasbourg même. Quel symbole pour cette toute jeune fille qui faisait aujourd'hui révérence au prince en un moment de liesse d'où n'était pas exclue la jouissance de la revanche ! Cet anniversaire confirmerait-il qu'elle était née sous le signe de l'Empire et de son éclat ? Elle aura l'occasion de s'interroger encore. Après ce bal qui constituait sa première sortie dans le monde, après les ors des salons et les compliments de toutes les éminences qui, à la suite du prince, n'avaient guère à se forcer pour se montrer galants, Mélanie retourna à regret vers la vie quotidienne. L'événement avait bien naturellement bouleversé la jeune fille pleine d'ambitions romantiques.

Cependant elle se cultivait et affinait son intelligence. Elle suivait des cours de dessin avec Touchemolin, peintre strasbourgeois ; elle perfectionnait son piano et ses dispositions musicales avec Schiffmacher. Elle assistait aux cours d'histoire de Fustel de Coulanges qui enseignait alors à la faculté de Strasbourg en 1860 et qui, plus tard en 1864, allait publier sa célèbre *Cité antique*. Fustel de Coulanges, dont l'autorité scientifique ne cessait de grandir, fut choisi par le ministre de l'instruction publique Victor Duruy pour dispenser des leçons particulières à l'impératrice Eugénie qu'il rencontrait régulièrement aux Tuileries. Ce sont ces cours qui furent réunis en 1930 pour être publiés sous le titre de *Leçons à l'impératrice sur les origines de la civilisation française*.

À Strasbourg, la tante de Turckheim organisait des rencontres où les jeunes gens de la famille et leurs amis retrouvaient un « charmant professeur de philosophie », Mr. Waddington. Autour de lui et du brillant avocat Ernest Lehr se constitua un club littéraire où l'on débattait des textes anciens en s'essayant au goût de la lecture. Ces initiations à la culture, qui allaient bien au-delà de la recherche d'un vernis mondain, furent précieuses à la jeune Mélanie.

La soirée mémorable qui suscita un débat passionné autour du roman à succès d'Octave Feuillet *Le roman d'un jeune homme pauvre*, n'était que la transposition strasbourgeoise des disputes intellectuelles qui se jouaient dans les cénacles parisiens, non loin de la cour.

*Mélanie devient comtesse de Pourtalès*

Objet d'une promotion insigne que son parcours à Strasbourg permettait de pressentir, Alfred Renouard de Bussierre fut alors nommé directeur de la Monnaie à Paris, et se vit obligé d'assurer une présence plus assidue dans la capitale. Cette bien agréable contrainte conduisit Mélanie à être fréquemment parisienne et c'est ainsi qu'elle rencontra le comte Edmond de Pourtalès.

Bel homme, belle fortune, belle famille.

Ils se fiancèrent en 1857 et le mariage eut lieu la même année en l'église de la Robertsau.

En épousant Edmond de Pourtalès, en s'installant rue Tronchet non loin du Faubourg Saint-Honoré et à deux pas de la Madeleine, Mélanie entrait de plain pied dans la vie parisienne la plus mondaine. Elle était également proche du chantier du futur Opéra Garnier et de ces espaces de la modernité que constituent les grands magasins.

Pourtant le premier acte important de sa vie de jeune femme consista à affirmer son indéfectible attachement à la Robertsau. C'est là-bas, en effet, dans la petite église du faubourg témoin de tous les événements essentiels de la famille, qu'elle avait décidé de se marier.

Voilà une belle application de ce dicton alsacien qu'il n'est jamais superflu de méditer : « *m'r soll nie de Geburts Schien verliere* », ce que l'on pourrait traduire par : il ne faut jamais renier ses origines.

Ce 30 juin robertsauvien fut mémorable. Jamais, jusqu'alors, il n'y eut dans le « village » un événement aussi brillant. De toute part mais surtout de Paris, arrivèrent à la Robertsau des hôtes de marque, amis et parents des deux jeunes mariés.

Le pont de la Robertsau au bout de l'allée devant l'Orangerie vit passer carrosses et chevaux qui menèrent au château les personnalités les plus titrées et les plus huppées. Aucun de ces voyageurs ne connaissait évidemment la Robertsau dont il entendait prononcer le nom pour la première fois à l'occasion du mariage de Mélanie. Ils découvrirent avec surprise le caractère familier de ce village de maraîchers et de cultivateurs intégré à la ville de Strasbourg, ils s'extasièrent à la vue du château blotti au cœur du parc.

Comme souvent en juin, quels que soient les siècles et les événements, les caprices du temps furent déroutants et le plus insidieux des orages se déclencha la veille au soir trempant les jolies dames et leurs toilettes, les messieurs et leurs chapeaux. Comme souvent, le lendemain le soleil se mit à illuminer la cérémonie de ses feux bienveillants. Ce fut une belle fête à laquelle s'associa le village tout entier. La chorale des écoliers apporta sa fraîcheur spontanée et la foule se pressait à la sortie de l'église pour applaudir le jeune couple.

Que d'élégance et de beauté ! Lui, en costume bleu-roi se distinguait par son port altier. Sa grande émotion n'effaça point son allure martiale. Il y avait du soldat en ce banquier. Mélanie était radieuse, belle comme un rêve, rayonnante de bonheur.

Toute la Robertsau était amoureuse de sa jeune comtesse.

Les accents de la fanfare qui ouvrait le cortège vers le château en étaient quasi célestes contrairement à ce que toutes les répétitions avaient laissé présager. Il existe des miracles musicaux qui ont aussi leur origine ailleurs que dans le seul talent des interprètes.

Edmond, de huit ans l'aîné de Mélanie, était le fils d'une riche famille de banquiers suisses et huguenots. Son père, le comte James de Pourtalès-Gorgier, était à la tête d'une fortune considérable. Amateur d'art, il possédait une rare collection d'antiques qui traduisait sa passion pour la Grèce et la Rome anciennes. Au cours de l'un de ses nombreux voyages en Italie du Nord où il aimait fréquenter les chemins de l'art,

« il était entré un jour chez un vieux curé et lui avait acheté pour sept cent cinquante francs le fameux petit tableau : *le Condottiere* d'Antonello de Messine qui a été le joyau de l'exposition de l'art italien à Paris en 1935 ». Mais ce découvreur de trésors était aussi un vrai mécène. Anthony North-Peat, un observateur et dilettante anglais qui vivait à Paris, écrivait des billets destinés à être publiés dans le *Morning Star* de Londres. Il y décrivait de manière pittoresque la société parisienne. Voici son billet du 2 février 1865 :

> Tout le monde s'occupe du comte de Pourtalès. L'anecdote suivante vous donnera une idée charmante de l'homme. Il remarqua, autrefois, au Salon, les tableaux d'un jeune débutant. Celui-ci exposait pour la première fois. Monsieur de Pourtalès le pria de lui apporter l'une de ses toiles. Le jeune artiste ne se le fit pas répéter.
> – Je désirerais ajouter ce tableau à ma collection, monsieur, dit le comte. Puis-je m'enquérir du prix ?
> – Deux mille francs, murmura le jeune homme tremblant d'avoir trop demandé.
> – Dix mille, reprit le grand homme feignant une surdité précoce. C'est une affaire conclue.
> L'artiste ne voulant pas profiter d'une erreur tenta d'éclaircir le malentendu.
> – Pardon, interrompit monsieur de Pourtalès, je ne marchande jamais.
> Le jeune peintre mourut dernièrement au comble de la gloire. Plus d'une tête couronnée se disputera les deux toiles qu'on va mettre en vente.

James de Pourtalès avait fait construire en 1820 par l'architecte Félix Duban un hôtel particulier rue Tronchet pour y installer dignement sa collection. Il s'était inspiré d'un palais florentin du plus pur style Renaissance et avait décidé d'en créer la réplique à l'identique. La fascination de la Grèce antique était décidément loin de se tempérer et la fréquentation des héros d'Homère continuait à inspirer les rêves humanistes… et argentés.

La demeure des Pourtalès, au 7 de la rue Tronchet, était somptueuse. Dès l'abord, le premier contact avec la maison déclenchait une sorte de jouissance tactile. En effet, la paume de la main du visiteur ne pouvait éviter de caresser, en l'enserrant, un corps de nymphe offrant sa poitrine avec une subtile volupté ; c'était la poignée en cuivre qui commandait la porte. Celle-ci s'ouvrait sur un couloir orné de bas-reliefs à l'antique d'une grande finesse, alors qu'au fond, la cour mettait en valeur des bustes anciens en marbre, disposés contre des murs en forme de carré parfait. La cage d'escalier était en elle-même un chef-d'œuvre imposant son harmonie et sa hiérarchie. Quant à la salle à manger, pièce maîtresse de la demeure, ses proportions équilibrées conduisaient chaque convive, quelle que fût sa place, à se sentir parfaitement à l'aise. « Les meubles et tapisseries qui s'y trouvaient, les tables anciennes et les fauteuils capitonnés, donnaient à cette pièce une harmonie incomparable. La lumière y était disposée de telle façon que toutes les femmes y étaient jolies ; elles se paraient d'ailleurs tout spécialement pour ces réceptions… » écrivit Élisabeth dans son journal. C'était en effet là, sous un lustre dispensant de scintillantes féeries, que se déroulaient les grandes heures parisiennes des Pourtalès. Dîners d'affaires d'Edmond aux dénouements heureux, plaisirs mondains et culturels de Mélanie et de ses impériales relations. « Je n'ai vu, rue Tronchet, que fêtes merveilleusement ordonnées surtout par mon père qui, très méticuleux et très soigneux, avait l'art de l'organisation… » se souviendra encore Élisabeth, fille de Mélanie et Edmond.

James de Pourtalès qui avait habité Place Vendôme voulut cet hôtel pour l'amour de l'art et il en avait fait une sorte de musée personnel conçu pour ses collections. Lui-même, pour son logement et pour ses besoins domestiques, occupait les pièces donnant sur la rue. Tout le reste de la demeure qui n'était en fait qu'un seul niveau surmonté d'une grande verrière, constituait les espaces d'exposition de ce collectionneur réputé.

Au moment de sa mort, on prit connaissance de ses dernières volontés expresses. Elles furent étonnantes et rudes à envisager. On devait en effet, dix ans après sa disparition, vendre aux enchères toutes les collections du comte ; bref, disperser « la galerie Pourtalès ». Le testament exigeait que cela fût fait non pas à l'hôtel des ventes mais dans son cadre naturel et familier, la maison elle-même.

Edmond et ses cinq frères et sœurs aînés furent, tout comme Mélanie, très malheureux à l'idée d'exécuter un tel testament. Il fallait toutefois s'y plier.

C'est ainsi qu'eut lieu une exceptionnelle vente d'objets d'art, sans doute unique dans les annales des professionnels et des collectionneurs. Elle constitua un véritable événement non seulement sur le plan mondain, car on en parlait dans l'Europe des arts tout entière, mais aussi dans la vie personnelle des deux époux.

Les commissaires-priseurs parisiens, maîtres Pillet et Escribe, assistés par les experts Roussel et Mannheim, se transportèrent rue Tronchet. Le catalogue avait été livré en six adresses différentes à Paris mais était également disponible à Londres, Berlin, Bruxelles, Vienne, Francfort, Saint-Petersbourg et La Haye. Il annonçait que la vente aurait lieu à partir du 6 février 1858 et concernait au total 2 148 objets d'art auxquels s'ajoutaient 383 tableaux. Les opérations s'étalèrent en dix séquences sur une durée de vingt-neuf jours au total !

Les enchères débutèrent dans le climat de fébrilité que l'on devine et les enfants de Mélanie se souviennent d'avoir été sur l'estrade au moment où les plus beaux tableaux passaient aux enchères, les 27, 31 mars et 1er avril.

> *Le Condottiere* atteignit le prix de 110 000 francs et fut acheté par le Louvre. À cette époque cela semblait déjà un prix fabuleux, poursuit Élisabeth dans son journal personnel, mais, à côté de cela, des tableaux très surfaits comme *le Cardinal de Richelieu descendant la Loire* de Paul Delaroche avaient été vendus au même prix !

> Beaucoup des plus beaux tableaux furent acquis par le British Museum, entre autres le *Beau jeune homme* de Bronzino. La célèbre tête d'Apollon se trouve également au British Museum.

Sans doute la mémoire d'Élisabeth n'était-elle pas totalement fidèle car Delaroche avait en réalité fait remonter le Rhône au cardinal, de Tarascon à Lyon. Son prix de vente était de 80 000 francs. Quant au « beau jeune homme de la famille de Médicis », il est parti à 55 000 francs. Cette collection contenait de vrais chefs-d'œuvre. Ce sont en effet des Léonard de Vinci, Vélasquez, Breughel, Titien, Dürer, Cranach, Canaletto, Caravage et autres grands maîtres qui ont été dispersés lors de cette vente. Les scores les plus élevés furent réalisés par Antonella de Messine, 113 500 francs, et une jeune et jolie fille intitulée *L'Innocence,* de Greuze, qui fut achetée 112 000 francs. La vente des tableaux dura trois jours pendant lesquels des merveilles furent dispersées et constituent maintenant les collections de bien des musées.

Edmond et Mélanie réussirent à acheter seize tableaux parmi lesquels des Le Nain, Rembrandt, Champaigne, Giorgione, ainsi que plusieurs Antiques dont une petite statue de Mercure.

Mais Mélanie en restera marquée et, comme pour s'en libérer, elle en parlera abondamment à ses amis qui partagèrent son émotion. L'un d'eux, le marquis Philippe de Massa, jeune officier bien en cour, se consacrait à l'écriture de pièces de théâtre. Il travaillait à la rédaction de *la Revue de l'année* qui constituait à la cour le grand événement théâtral, sorte de condensé des hauts faits de l'entourage de l'empereur. Il fut intéressé par le récit de Mélanie mainte fois répété. « Si on en faisait un des événements de l'année ? » se dirent-ils ensemble. Ce fut décidé et l'épisode de la vente fut inclus dans *Les Commentaires de César*, pièce comique en deux actes qui fut représentée les 26 et 27 novembre 1865 au théâtre du Palais de Compiègne.

Massa se dit que l'inspiratrice pourrait aussi être l'actrice. Il créa donc pour Mélanie un rôle sur mesure qu'il lui demanda d'interpréter. La jeune comtesse monterait ainsi sur les planches pour la seconde fois après des débuts réussis en 1863 dans la précédente pièce de Massa, *les Cascades de Mouchy*.

Pourquoi, pensa l'auteur, n'incarnerait-elle pas « l'événement » lui même ? Il personnifia l'hôtel des ventes qui devint, à la surprise du public, une jeune et belle apparition incarnée par Mélanie.

« L'Hôtel des Ventes » alias la comtesse de Pourtalès, déclamait en les chantant, ces vers évocateurs :

> Outre ce que je débite rue Drouot, je me transporte
> quelquefois à domicile… telle que vous me voyez,
> je suis en train de vendre la galerie P***
> plus loin :
> Des vases, des émaux
> Et des marbres antiques,
> Et pour les fanatiques
> Un tas de bibelots !
> La tête d'Apollon
> Dans le salon
> N'a pas de buste
> Et Minerve, tout juste,
> Est sans bras…

On pressentait là un tempérament, des qualités et des dons qui allaient marquer de leur empreinte toute l'évolution de Mélanie dans le siècle. Elle se révélait dotée d'une réelle sensibilité pour les arts et surtout pour la peinture. Fascinée aussi par le théâtre, elle en aimait toutes les phases, l'écriture où elle assistait parfois son ami Massa, la mise en scène qu'elle préparait souvent avec Pauline de Metternich, l'interprétation et le jeu d'acteur qu'elle pratiquait avec talent. Voilà un engagement bien précieux pour affronter la scène du monde !

CHAPITRE II

# La fête impériale

## *La conquête de Paris*

« À nous deux Paris »… la belle Alsacienne aurait pu nourrir cette ambition et se murmurer en secret la phrase de Balzac, mais sa personnalité était à l'opposé de celle de Rastignac. Qui sait pourtant ?

Pour assouvir son désir de briller à Paris, elle possédait une arme bien plus redoutable que la faculté manœuvrière ou la capacité de calculer : une incroyable beauté saluée par tous !

Paris venait de succomber à l'empereur. Dès lors la vie mondaine et ses plaisirs se déplaçaient vers la cour des Tuileries à la recherche de nouveaux rythmes et de nouveaux temps forts. Les femmes les plus exquises accouraient à la fête ; rien ni personne ne leur résistait, pas même les salons de l'opposition monarchiste qui pourtant ne baissait pas les armes.

Dans la mise en scène du Second Empire et de son faste mondain, Edmond de Pourtalès n'oubliera jamais qu'il était avant tout banquier, huguenot et Suisse. Avec Mélanie, il réfléchit à ses positions et à sa stratégie sociale. Participer au monde constituait naturellement une priorité et une obligation. Il était indispensable de plaire et de briller et, si possible, aux premières places et de manière inégalée. Encore fallait-il en avoir les capacités ! C'était là, certes, un problème de mode, de choix de vie, mais dans certains cas c'était aussi une question de rang et de fortune. On ne pouvait par conséquent éviter les voies susceptibles de mener au bonheur dans les affaires. Mélanie, éblouie et éblouissante, bien décidée à la conquête, constituait à tous les points de vue un atout exceptionnel. N'était-elle pas, elle aussi, un capital de grâce et de séduction ?

Les Pourtalès qui avaient des relations d'amitié dans le Tout Paris ne reniaient pas les cercles de l'opposition monarchiste. Au début ils fréquentèrent leurs salons et leurs influences mais, décidément, les Tuileries et la cour impériale exerçaient un attrait trop puissant et pour tout dire irrésistible. C'est là que s'était déplacé, sans doute pour un long moment, le centre de gravité mondain. Il convenait donc de s'y intégrer pleinement.

Pour l'empereur, la cour était un moyen de conforter le pouvoir. Il s'agissait d'abord de renouer avec les fastes et les traditions du passé en développant une vie de cour dont l'image viendrait consolider l'idée de puissance. Louis XIV avait eu Versailles. Napoléon III, comme son oncle, aurait les Tuileries. Mieux encore, des Tuileries démultipliées, délocalisées. Il y aurait des périodes à Fontainebleau, à Saint-Cloud et à Compiègne ; de temps à autre à Biarritz et à Deauville. Cette mobilité de la cour et ces déplacements ajouteraient encore à la notion de splendeur et d'autorité.

De manière tout aussi prioritaire, il convenait d'assurer à cette cour un rayonnement international. Les Tuileries, par l'intensité de leur attrait et la qualité des personnages qui les fréquentaient, allaient devoir impressionner le monde en lui dispensant l'image d'un empire serein, sûr de lui, invincible. Paris redeviendrait le centre des débats internationaux. L'éclat de la cour et de ses plaisirs allait démontrer partout que c'en était fini des tragiques instabilités françaises, que l'ère du bonheur français venait de s'engager.

Enfin, la brillance des Tuileries aurait, quoi qu'en diraient les oppositions, un effet rassurant sur le peuple. Le pouvoir de la splendeur ne saurait être le pouvoir de la régression. Le pouvoir du plaisir ne pouvait être antisocial. Le pouvoir de la magnificence serait, forcément, le pouvoir du commandement international.

En ces années de début de règne, le duc de Persigny, ministre essentiel du gouvernement, proclamera « qu'avec les Napoléon il y aurait pour cent ans de paix en Europe » ; partout l'on jugeait que l'Empire était une valse. Quoi de plus rassurant ? En Angleterre même, le *Times* n'hésite pas à écrire : « Ce grand homme, espoir du monde dont son oncle a été la terreur, a pour la paix le même génie que le vainqueur d'Austerlitz eut pour la guerre ». Louis Napoléon apparaît alors comme l'arbitre de l'Europe.

C'est cette image qu'il lui tient à cœur de consolider. Son environnement politique et diplomatique sera donc chargé de dispenser ce rayonnement international. Paris ville impériale ne pouvait être moins que la capitale du monde. Elle était déjà tout naturellement marquée par un certain cosmopolitisme qui participait à sa réputation de ville phare et c'est ce vers quoi l'empereur tendait en cherchant à l'institutionnaliser. Ses longs séjours de jeune homme à l'étranger, les origines espagnoles d'Eugénie, inclinaient le souverain à se montrer tout naturellement ouvert. La cour aurait pour ces raisons une coloration et un style très européens.

### *Pauline de Metternich, la « jolie laide »*

Rien d'étonnant, donc, à ce que l'une des figures les plus significatives et les plus entraînantes de la cour fût une jeune et pétulante Autrichienne. Pauline de Sandor-Metternich s'installait à Paris avec son mari le prince de Metternich qui venait d'y être nommé ambassadeur d'Autriche.

Alfred Renouard de Bussierre entouré d'Elisabeth et Agnès, filles de Mélanie de Pourtalès ;
en bas, le portrait de Mélanie, en 1858,
par Théophile Schuler, et Edmond de Pourtalès

Une nature gaie et fantasque, une intelligence vive et piquante, une culture réelle et parfaitement française, caractérisaient cette jeune femme de vingt-deux ans qui allait marquer si fortement la cour du Second Empire.

Pauline avait une allure gracieuse et sa beauté résidait tout entière dans le mouvement. Son visage étonnait, déroutait, suggérait des comparaisons audacieuses dont ses adversaires n'allaient pas se priver. Un chroniqueur aussi persifleur que superficiel en fera cette description : « De gros sourcils, à une époque où on n'avait pas la ressource de les raser, un museau de carlin surabondamment fardé, mais, ce qui sauvait tout, des yeux rieurs, enjôleurs, d'où débordaient la gaieté, la joie de vivre, la malice et l'esprit ». Plus objectif, Loliée, dont les ouvrages sur la cour du Second Empire font autorité, écrit :

> Mince, de taille moyenne, agréable à voir et néanmoins un peu déconcertante quant aux traits du visage, la première impression qu'elle cause est de surprise, la seconde est de sympathie. On n'a pas été long à s'apercevoir qu'elle pouvait être princesse authentique et marier pourtant le naturel à la distinction de commande. (...) Lorsque la princesse de Metternich entrait aux Tuileries un soir de bal, très mince, maigre même, assez grande avec ses épaules très découvertes, son front chargé de diamants, ses longues jupes traînantes, il était impossible d'avoir plus grand air...

Un journaliste de renom porte ce jugement : elle était le charme, la grâce et l'esprit dans une même personne.

Avec cette supériorité de l'esprit qui permet de s'appliquer à soi-même l'ironie qui désarme les perfides, elle avait l'habitude de s'exclamer en certaines circonstances : « Quand je marche on me suit, quand je me retourne on me fuit ! » Et encore, face à la médisance latente : « Je ne suis pas jolie, je suis pire ! »

Le surnom de « jolie laide » qui lui restera, définit bien cette difficulté à la saisir et à la rapprocher d'un cliché ordinaire. La joliesse de l'ambassadrice procédait des vibrations de l'intelligence qui animaient son visage. Elle était vouée à l'action et au mouvement. Elle allait en imprimer à la cour française en donnant le ton, en lançant la mode, en introduisant imagination et fantaisie là où l'étiquette indiquait trop souvent la convention.

Les Metternich eurent un grand plaisir à rencontrer les Pourtalès à Paris. Les relations anciennes qu'entretenaient leurs grands-parents à Strasbourg n'y étaient pas étrangères. Très rapidement ils s'apprécièrent, une authentique amitié allait les lier et Mélanie, séduite par le rayonnement de Pauline, allait se glisser dans son sillage pour y demeurer avec une constante fidélité de cœur.

*Un coup de foudre à la cour*

C'est à l'un des bals de l'ambassade d'Autriche, rue de Varennes, que Mélanie fut présentée à l'impératrice, relate un chroniqueur.

On pourrait toutefois préférer, pour ce moment-clé de notre histoire, la baronne de Stoeckel et Wilfrid S. Edwards dans *When men had time to love*.

> Madame de Galliffet discutait avec l'impératrice du prochain bal qui aurait lieu aux Tuileries. On évoquait la beauté des femmes qui y seraient présentes. Tout à coup madame de Galliffet demanda à l'impératrice si elle voulait bien inviter une jeune femme très belle, à peine mariée et qui venait de s'installer à Paris. Sans attendre que son nom fût prononcé, Eugénie répondit que la liste des invités était close. On n'en parla plus mais, dans l'après-midi, alors que l'impératrice se promenait en calèche avec l'une de ses dames de compagnie, une voiture passa lentement. À sa fenêtre apparut un visage tout à fait adorable, qui se retira prestement. Mais Eugénie l'avait remarqué et, se tournant vers sa compagne, elle s'exclama :
> – La perfection d'un Greuze ! Savez-vous de qui il s'agit ?

– C'est la comtesse Edmond de Pourtalès, votre Majesté, elle vient tout juste de se marier.
– Il me la faut à mon bal demain soir. Occupez-vous de lui faire porter une invitation !
Plus tard, le même jour, relatant ses impressions de l'après-midi à madame de Galliffet, l'impératrice lui dit :
– Je suis déterminée à l'avoir à mon bal !
La marquise sourit et lui fit remarquer :
– C'est elle justement que je vous proposais d'inviter et que vous aviez refusée.

L'anecdote est pittoresque, et quelle que soit la version exacte de l'entrée en cour de Mélanie, il est établi que c'est sa beauté qui lui servit de sésame.

L'empereur, naturellement, mais aussi l'impératrice, tenaient à créer un environnement féminin d'une inégalable qualité. Ils y évolueraient personnellement avec plaisir, mais ils dessineraient surtout cette nouvelle image de l'Empire destinée à frapper les opinions. De jeunes femmes belles et cultivées, spirituelles et séduisantes illustrant la cour impériale, cela participait un peu de la raison d'État.

De tous temps, quand elles n'exerçaient pas le pouvoir elles-mêmes, les femmes et leur regard particulier sur les évolutions du monde constituaient près des gouvernants de puissants leviers politiques en même temps que des sources de rayonnement.

De la remarquable madame de Castiglione à madame Le Hon, de madame de Galliffet à madame Walewska, la cour de Napoléon III était ainsi ornée des beautés les plus enviées. Mélanie, l'Alsacienne, allait y installer sa grâce aux toutes premières places.

Elle serait donc présente au grand bal de l'impératrice ! On devine sa fébrilité au moment où elle décacheta l'enveloppe à en-tête du palais impérial qui venait de lui parvenir. On imagine son anxiété en lisant le carton glacé qui lui signifiait son invitation. Paraître pour la première fois en une telle circonstance avait de quoi mettre à mal les tempéraments les plus sereins, à déstabiliser les belles les plus convaincues de l'éloquence de leur charme.

L'épreuve serait rude; il fallait passer l'examen avec succès. D'abord franchir les frontières de la curiosité et de ses regards impitoyables. Les réduire ensuite. Certes la présence et la complicité de Pauline la rassuraient, mais comment, se demandait-elle avec anxiété, comment figurer parmi cette folie de toilettes, cet éblouissement de diamants et de bijoux, cette séduction d'épaules dénudées? Réussirait-elle à faire bonne figure?

Le bal, ce soir-là, fut en effet, une féerie de silhouettes, de visages, de sourires fascinants au milieu des ors et des lustres.

Mélanie parut…

> On distingua tout d'abord, raconte Loliée, un galbe délicat, des yeux bleus expressifs, des traits de visage s'harmonisant à composer la physionomie la plus aimable, des cheveux d'un bel or cendré, qu'avantageait sur un front bas la mode des coiffures échafaudées où se nichaient les diamants et les perles, un teint dont Hamilton ou Marivaux auraient dit que c'était des roses effeuillées dans du lait, une taille svelte, une démarche exquise, un assemblage, enfin, de grâces naturelles et enjolivées qui la faisait ressembler, perdue dans les mousselines légères, à un objet d'art animé : il en aurait fallu moins pour s'emparer des regards et des conversations.

La baronne de Stoeckel elle aussi décrit la scène:

> Voici qu'apparaît une jeune femme, jusque là inconnue aux Tuileries. On aurait dit un personnage irréel tant son apparence était aérienne et délicate au moment où elle s'inclinait devant les souverains pour faire la plus gracieuse des révérences. Elle était grande et mince avec une silhouette parfaite. Ses cheveux étaient blonds comme les blés, ses yeux d'un bleu pareil au manteau de la Vierge, et l'on découvrait des dents couleur de perles entre ses lèvres brillantes. Incontestablement, Mélanie de Pourtalès était l'une des plus jolies femmes de cette époque. Au milieu de ce monde couvert de bijoux, on ne voyait qu'elle, toute de jeunesse et de fraîcheur.

> Peu de femmes pouvaient se permettre de se montrer aussi naturelles, sans fard, mais Mélanie cultiva cette simplicité, qui fut pour elle une règle de vie.
> Alors que la jeune comtesse s'approchait du dais pour être présentée à la marquise de Galliffet, l'impératrice ne put réprimer une exclamation spontanée de son admiration et dit en se tournant vers l'empereur : « Comme elle est belle ! »

A n'en pas douter, ce soir-là, Mélanie fut la reine du bal des Tuileries. L'impératrice était ravie de sa découverte.

De ce jour, la beauté et le charme de la comtesse de Pourtalès s'inscrivirent dans les annales de l'empire, comme une sorte de référence qui ne tarderait pas à faire partie d'une imagerie de légende. « Long cou d'albâtre, immenses yeux noyés d'azur, lèvres délicatement pommadées de rose, l'or ruisselant de ses cheveux trop sagement disciplinés, il émane de toute sa personne une grâce particulière, à la fois voluptueuse et contenue », constate l'écrivain Haymann.

Le duc de Coregliano, dans *La Maison de l'empereur*, relate les séjours de Fontainebleau et confirme : « La comtesse de Pourtalès délicieusement jolie tenait sans conteste le sceptre de la beauté et de l'élégance. »

Le marquis Philippe de Massa constate dans ses *Souvenirs et impressions* : « C'est à cette représentation (*Henry III et sa cour* en 1862) que le rôle le plus effacé de la dame d'atours produisit un si grand effet, quand la comtesse Edmond de Pourtalès, qui le remplissait, parut en scène dans un merveilleux costume digne de parer sa beauté. »

Pauline de Metternich, enfin, dans ses *Souvenirs,* avec sobriété mais sans équivoque : « Il y avait d'ailleurs de bien jolies femmes à cette époque à la cour, je citerai… mon amie madame de Pourtalès née de Bussierre, idéalement jolie fine et gracieuse… »

« Un tableau de Greuze ! » s'était écriée l'impératrice et dès lors on ne parla plus de madame de Pourtalès qu'avec des qualificatifs flatteurs : la belle comtesse, la jolie comtesse, ou, plus familièrement, la charmante Mélanie. Arthur Meyer, journaliste et écrivain célèbre en son temps, écrira plus tard :

> La beauté et la grâce de la comtesse de Pourtalès avaient illuminé la cour impériale. Certes c'était une enfant gâtée de la fortune. Sa beauté a désarmé le temps ; de tous les dons qu'elle a reçus, elle s'est employée à développer le plus délicat, celui de plaire. Elle a plu, elle plaît, elle plaira jusqu'à sa dernière heure.

Il est pittoresque, ici, d'ajouter à tous ces témoignages celui de Frédéric de Carcy qui, l'ayant eue pour voisine à Strasbourg lorsqu'il habitait rue de la Nuée-Bleue, évoque dans ses Mémoires :

> Je vis Mélanie de Bussierre pour la première fois à un bal chez sa grand-mère, madame de Franck. Elle avait dix-sept ans et je fus frappé du charme extrême de sa personne. J'avais peu vu, dans ma vie parisienne, de beauté aussi complète. Elle avait le type peint par Greuze dans le tableau *La Cruche cassée*. Elle était aussi blonde que sa sœur adoptive, Marie de Coehorn, était brune. Habitant à côté de l'hôtel de Bussierre, nous les voyions sans cesse et je prédis souvent à cette aimable mademoiselle Mélanie (appelée alors Mémé) que si elle se mariait à Paris, elle y prendrait la première place parmi les femmes les plus remarquées et les plus admirées du monde parisien. Ma prédiction était juste car, devenue comtesse de Pourtalès, elle a été pendant longtemps la reine de la mode et la perle de la société ultra lancée de la coterie des Tuileries sous l'Empire. Tout le monde a connu, en effet, la réputation d'élégance extrême et de beauté de la comtesse de Pourtalès ; les romans et les journaux ont rabâché de sa liaison avec la princesse de Metternich, de leurs toilettes, de leurs allures, de leur règne incontesté dans les salons de Paris.

S'il n'avait existé qu'un seul témoignage, il aurait pu sembler suspect ou complaisant, mais ici tous les jugements s'accordent : Mélanie était réellement belle !

Edmond et Jules de Goncourt, langues de vipère au génie assassin et à l'implacable fulgurance littéraire, ne purent s'empêcher, dans leur journal, en date du 3 mai 1863, d'émettre cette litote qui dut leur coûter beaucoup : « Madame de Pourtalès, blondasse qui, par hasard, n'est pas très laide ».

Alors que Pauline de Metternich eut droit à cette méchanceté assassine : « (...) avec un nez en trompette, des lèvres en rebord de pot de chambre, très pâle, l'air d'un vrai masque de Venise dans les tableaux de Longhi ».

Mélanie faisait dorénavant partie des proches de l'impératrice qui souhaitait s'attacher son image valorisante. C'est ainsi que l'environnement des souverains continuait à s'embellir. Ces jeunes femmes à la beauté mythique étaient chargées de susciter le rêve et la légende qu'affectionnaient les foules. Elles faisaient partie de la stratégie de gouvernement consistant, pour le Second Empire, à dispenser une impression de fête permanente, symbole d'une stabilité durable.

### *Les ris et les danses*

Pour donner au monde une image d'elle-même flatteuse, la cour s'inspira de François I$^{er}$, de Louis XIV, de Napoléon 1$^{er}$. Elle ne les singeait pas mais ne le leur cédait en rien non plus.

Quelle était la situation ? Le faubourg Saint-Germain et ses foyers légitimistes qui s'étaient réfugiés dans une bouderie peu réaliste voyaient leur influence s'amenuiser. Ils ne constituaient plus la référence et ne contribuaient plus à donner le ton. Du côté des Tuileries, quelques grands noms du Premier Empire allaient apporter leur caution à la nouvelle organisation. On leur réserva les places de choix. Ce fut le cas pour le comte d'Ornano et le duc de Cambacérès.

Les postes les plus importants étaient accordés aux vrais fidèles, à ceux qui allaient assumer les responsabilités de la confiance et du gouvernement : le duc de Morny, le duc de

Persigny, le maréchal Pélissier, le comte de Mac-Mahon. La famille ne fut pas oubliée : le prince Napoléon Jérôme et surtout la précieuse et fidèle princesse Mathilde. Toutes les autres fonctions de gouvernement étaient confiées à des hommes dont on évaluait avant tout la fiabilité et les compétences plutôt que les filiations. Ils allaient faire partie en même temps du dispositif d'apparat et des activités ludiques de la cour. L'un d'entre eux sera particulièrement courtisé et jalousé : le grand chambellan, le duc de Bassano, maître des plaisirs de la cour. C'est lui qui enverrait aux heureux élus ces fameux bristols jaune et bleu revêtus de sa signature, qui ouvraient les entrées privées des Tuileries les soirs de bal. Toutefois, le plaisir impérial n'allait pas sans organisation. Un peu de protocole était nécessaire mais à force d'être réglé il allait se faire pesant et, pour tout dire, ennuyeux.

Le premier à en souffrir fut bien l'empereur lui-même. Paradoxalement, sa personnalité ne l'inclinait guère vers les plaisirs imposés des salons. Il avait de tout temps préféré l'intimité des authentiques rencontres et des vrais échanges. On le surprit plus d'une fois à méditer, l'air absent, au milieu du plus brillant des bals, loin des reflets et des artifices.

Pourtant le plaisir faisait réellement partie de l'air du temps et la gaieté était de mise en ces années singulières. C'était l'époque des Bouffes-Parisiens, de la Vie Parisienne et du triomphe d'Hortense Schneider en Grande Duchesse de Géroldstein. Le french-cancan faisait fureur et cette superficialité, faite de réjouissances, allait devenir une sorte de modèle que l'Europe nous enviait et qui se reflétait si bien à Vienne. C'était l'écume des choses sur laquelle, parmi bien d'autres, glissaient avec délices l'Allemand Offenbach et ses librettistes Henri Meilhac et Ludovic Halévy…

Gare aux lames de fond !

Pourtant, en cette époque avide de gages de confiance, la cour de l'empereur n'avait d'autre choix que de transcender ces stéréotypes pour les officialiser. On planifia par conséquent le déroulement des plaisirs impériaux et, pour commencer, les Tuileries allaient être à l'impératrice tous les lundis soirs. C'était le coup d'envoi à une succession de festivités et de distractions officielles.

Ces lundis de l'impératrice étaient régis par un strict protocole. C'est ainsi que les hommes portaient l'habit, la culotte courte et les bas de soie noire. Quant aux dames, il convenait qu'elles soient en grande toilette, largement décolletées. La soirée débutait par un dîner qui réunissait autour des souverains les princes de la famille, Jérôme et Mathilde, ainsi que les dames de la suite. Mélanie y fut souvent conviée. À dix heures on s'acheminait derrière l'empereur et l'impératrice vers la salle de bal. L'orchestre attaquait les premières notes et aussitôt les couples s'élançaient.

L'empereur, cédant à son naturel affable et courtois, allait de l'un à l'autre pour échanger quelques mots polis en parfait hôte qu'il a toujours été. Il profitait bien entendu de la présence de ses ministres ou de ses conseillers pour évoquer un dossier d'actualité. Il s'approchait enfin de l'orchestre et commandait son quadrille des lanciers, rejoignait lui-même la piste et prenait part à la fête, le temps de lui imprimer son rythme. Cet air-là le détendait, lui permettait de mettre ses convives bien à l'aise et, le devoir accompli, l'autorisait à se retirer.

C'est au début de son règne surtout qu'il prit ainsi part aux lundis de l'impératrice. Très vite on le verra songeur et préoccupé. Il savait bien qu'il n'y aurait pas que des Magenta sur sa trajectoire et, même les soirs de fête officielle, les contraintes et les tracas du pouvoir hantaient son esprit. Eugénie quant à elle supportait tout aussi difficilement le déroulement de ses propres soirées et il n'était pas rare de la voir s'éclipser pendant le bal pour aller converser avec quelques amis dans un salon voisin. Vers la fin des réjouissances, un cotillon était conduit par la princesse Anna Murat qui finissait dans la plus franche mais la plus simple gaieté.

Inutile de dire qu'à ces lundis tout se déroulait de manière irréprochable. « Les bals des Tuileries se distinguaient par leur correction et les danses n'étaient pas encore des séances de pelotage cadencé », se croit obligé de commenter un chroniqueur.

Ils donnaient le ton aux activités de la cour mais ne constituaient que mises en appétit, échauffements pour ces grandes compétitions que seraient les fêtes majeures. Ces événements-là allaient être d'une toute autre ampleur.

C'est ainsi que chaque année, en janvier, avait lieu le grand bal de début d'année puis, en février, le bal costumé de Carnaval. Ces rendez-vous mobilisaient les imaginations, les ingéniosités et les comptes en banque de la cour toute entière. On imagine aisément combien ce type d'activité bénéficiait à certains secteurs et induisait de réelles retombées économiques : les joailliers déployaient leurs trésors, les couturiers embauchaient, les coiffeurs frisaient et échafaudaient. Tous les artisans du plaisir y trouvaient leur bonheur.

Les semaines qui précédaient la fête agitaient le Tout Paris avec cette fébrilité qui habite les acteurs des grandes premières. Les lendemains étaient emplis des bruits de l'événement et résonnaient des commentaires les plus fous. Les chroniques mondaines s'en donnaient à cœur joie et c'est ainsi que la postérité apprendra que quelque six cents invités privilégiés assistèrent au bal du 18 février 1854, et que celui de 1863 marqua les mémoires grâce à l'inoubliable Ballet des Abeilles. Ce fut une représentation unique dans les annales de la vie parisienne. Minutieusement préparé et répété pendant quinze jours, ce ballet mettait en scène un véritable tableau d'opérette avec son décor, ses accessoires et sa réalisation particulièrement complexe. L'impératrice y avait travaillé personnellement avec ses conseillères habituelles dans ces graves questions d'organisation des plaisirs : la princesse de Metternich, la comtesse de Pourtalès, la marquise de Galliffet, la baronne de Poilly.

Dans une lettre à George Sand, Flaubert écrit à propos du bal de 1867 :

> J'ai passé trente-six heures à Paris au commencement de cette semaine pour assister au bal des Tuileries. Sans blague aucune, c'était splendide. Paris du reste tourne au colossal. Cela devient fou et démesuré... On est menacé d'une nouvelle Babylone.

C'est dans cette splendeur qu'évoluait Mélanie.

*Les folies de Compiègne*

La cour se déplaçait et, en s'éloignant des Tuileries, Napoléon s'employait à soulager l'étiquette pour s'en évader. C'est ainsi qu'en mai on s'installait officiellement à Saint-Cloud et en juillet à Fontainebleau. L'impératrice se rendait à Deauville et à Biarritz où l'empereur la rejoignait assez souvent. Enfin, vers le 15 novembre on allait à Compiègne, haut lieu et grand moment des nouvelles rencontres de la cour. Étiquette oblige, même allégée, les choses étaient réglées de manière précise.

L'impératrice qui en dressait la liste elle-même, invitait environ quatre cents personnalités, au cours de cinq séries de huit jours. C'était là une belle occasion d'avoir près de soi, de manière très personnelle, ministres, diplomates, écrivains ou artistes, hauts fonctionnaires, hôtes étrangers de marque, et, assez souvent, plusieurs élèves majors de l'École polytechnique ou de l'École normale.

Les heureux élus de ces journées privilégiées étaient prévenus par une belle et grande enveloppe au cachet de cire rouge, timbrée de bleu et qui contenait une carte glacée de couleur rose :

> Par ordre de leurs Majestés impériales, le grand chambellan a l'honneur de prévenir M........... qu'il est invité à passer six jours au Palais de Compiègne du... au... novembre.

> Un train spécial amènera les invités, leurs gens et leurs bagages et partira gare du Nord le... à 3 heures.
>
> Signé : le comte Bacciochi.

Le déplacement à Compiègne s'assimilait à une expédition et constituait un authentique spectacle. Pauline de Metternich raconte :

> On eût dit que la ville de Paris déménageait. Ce qu'on voyait décharger de caisses était inimaginable ! Nous en avons compté un jour jusqu'à près de neuf cents ! ! ! C'est que chaque femme faisait mettre ses robes du soir chacune séparément dans une caisse en bois blanc ; de cette façon je me glorifiais de dix-huit caisses à moi seule.

Avec Mélanie de Pourtalès qui devait en avoir au moins autant, elles occupaient à elles seules un fourgon entier. Le train spécial était composé d'une douzaine de wagons de première classe. La première moitié était réservée aux invités eux-mêmes, la seconde aux domestiques. Les six fourgons supplémentaires contenaient les bagages des élégantes.

À Compiègne, l'emménagement était tout aussi pittoresque. Curieusement, les invités ne retrouvaient pas leur confort habituel dans la résidence secondaire impériale. On s'entassait et on se comprimait dans des chambres manifestement en nombre insuffisant pour autant d'hôtes de marque. Mais l'essentiel, après tout, n'était-il pas d'y être ?

L'écrivain Octave Feuillet, auteur du *Roman d'un jeune homme pauvre* que Mélanie adolescente lisait à Strasbourg et dont l'étoile avait bien pâli depuis ses heures de gloire, jouait à Compiègne le rôle envié d'ordonnateur. Il était une sorte de maître des cérémonies-bibliothécaire officiel et dirigeait l'ensemble des activités. Autant dire qu'il y était le personnage central puisque les spectacles constituaient, avec la chasse à courre, l'essentiel des activités de Compiègne. Prosper Mérimée, quant à lui, ne quittait pas l'impératrice dont il stimulait les plaisirs intellectuels par les agréments de sa conversation enjouée.

Ces deux écrivains constituaient les cautions intellectuelles et artistiques. Avec eux, le monde des lettres, des sciences et des arts dans toute sa diversités s'engageait dans ces « séries ». Berlioz, Gounod, Meyerbeer, Vigny, Sainte-Beuve, Renan, les deux Dumas, Nadaud, Féval, Edmond About, Gustave Doré, Théodore Rousseau, Horace Vernet, Claude Bernard, et bien d'autres moins prestigieux, venaient enrichir la liste des invités de Compiègne. Flaubert qui, politiquement, s'est situé à un moment donné parmi les « enragés » et n'affichait alors que mépris pour Napoléon III, n'en était pas moins flatté de parader dans ses salons. Il fut invité à Compiègne en novembre 1864 et donna son adresse à son ami Jules Duplan : chambre 85, 2e étage, corridor de la Pompe. Il attendait en effet que Duplan achetât un bouquet de camélias blancs « tout ce qu'il y a de beau, je tiens à ce qu'il soit archichic », afin qu'il pût l'offrir à ses hôtes.

Il écrit à sa nièce Caroline en novembre 1864 :

> Il est 4 heures et je ne fais que m'éveiller car les pompes de la cour m'ont éreinté... Les bourgeois de Rouen seraient encore plus épatés qu'ils ne le sont, s'ils savaient mes succès à Compiègne... Mais ce qu'il y a de dur, c'est le changement de costume et l'exactitude des heures...

Éreintants plaisirs pour ce bourreau de travail qu'était Flaubert mais qui n'aimait pas que les plaisirs innocents. Le 10 juin 1867 lors d'une invitation aux Tuileries à laquelle étaient conviés tous les invités de marque de l'exposition universelle, Flaubert expliqua à sa nièce que les souverains souhaitaient le voir « comme une des plus splendides curiosités de la France ».

On comprendra son tourment ainsi que ses positions momentanément déterminées contre un pouvoir qui ne s'était pas grandi, aux yeux de l'histoire de la pensée, en intentant une action en justice contre *Madame Bovary*. Flaubert obtint pourtant la Légion d'honneur et, d'après Zola, cessa de la porter à la mort de Napoléon III. En réalité, il la décrocha de sa boutonnière dès 1871, à la capitulation de Paris devant les Prussiens.

À Compiègne, la distraction par excellence était le théâtre. Cet art connut un véritable engouement, une fièvre officielle. Partout on interprétait, partout on jouait. Compiègne constituait le foyer d'où l'épidémie s'était répandue, et, comme par contagion, chaque demeure aristocratique, chaque petit château voulut avoir sa scène. C'est ainsi que dans ces milieux de la noblesse de l'époque, on eut l'occasion de voir évoluer les comédiens des troupes les plus extraordinairement insolites et les plus précieuses qui soient : celles de l'aristocratie elle-même.

Ce qui comptait alors, au détriment de toute exigence de qualité, c'était la recherche de la distraction. On interprétait les pièces les plus diverses sans ligne de conduite artistique, sans fidélité à un genre particulier, pourvu qu'un certain enchantement vînt captiver les esprits, pourvu que l'ennui fût congédié. À ce titre, signe des temps, la tragédie, même en ses sommets, était reléguée au répertoire de l'indésirable. On n'allait tout de même pas s'ennuyer en se plongeant dans la gravité des problèmes existentiels ! Au diable Racine et ses épigones. Rions, badinons et distrayons-nous, tel était le mot d'ordre et telles étaient les motivations qui attiraient tant de beau monde vers l'art de la scène. Ah ! la belle légèreté qui poussait l'insouciance vers ses limites ultimes comme pour conjurer un destin que l'on pressentait inéluctable.

Entre 1852 et 1859, il y eut quarante-neuf représentations à Compiègne qui allaient des pièces contemporaines – *la Maison de Pernavant* de Jules Sandeau, *le Bossu* de Paul Féval –, aux classiques comme *l'Avare* ou *le Jeu de l'amour et du hasard*.

C'est en 1869 qu'eurent lieu les dernières représentations, et cette scène ferma à jamais. La troupe du Palais Royal ne se doutait pas qu'en interprétant *La Grammaire* de Labiche, elle donnait la dernière pièce de boulevard à la cour impériale et provoquait ses derniers rires insouciants avant le drame. L'envoûtement du théâtre avec sa magie de l'interprétation, la transposition en un éphémère moment d'irréalité, saisissait la cour de telle manière que ses représentants eux-mêmes, de plus en plus nombreux, s'étaient mis à jouer. Avaient-ils donc si peu conscience d'être eux-mêmes en représentation permanente, pour vouloir ainsi rivaliser avec les comédiens ? Interpréter, sous les lambris dorés du dernier Empire de France, les rôles du plaisir officiel et quotidien ne suffisait-il pas à satisfaire leur soif de vivre ? Peut-être, après tout, ressentaient-ils le besoin de sacrifier à une sorte de cérémonie exorciste : que la comédie efface la comédie ! On monta donc sur les planches.

C'est l'impératrice qui donna le signal et lança la mode, en commandant à Feuillet une petite pièce sur mesure : *Les Portraits de la marquise*. Elle prit la chose tellement au sérieux qu'elle se fit donner des cours d'art dramatique par un des comédiens les plus réputés du Théâtre Français. À ses côtés, Pauline de Metternich déploya son talent inné de comédienne. De toute la cour elle fut, de loin, la plus douée. Sa verve, son tempérament fougueux, son talent littéraire, son intelligence passionnée servirent à merveille de réelles dispositions à la médiation artistique. Elle donna le ton et seconda de manière efficace l'impératrice en l'inspirant dans ses initiatives.

C'est ainsi qu'en 1865 elle demanda au marquis Philippe de Massa, dont on se plaisait à reconnaître l'esprit, d'écrire et de présenter une revue inspirée de l'actualité.

Massa décida de s'emparer de l'événement littéraire de l'année qui était sans conteste la publication, sous la signature de l'empereur lui-même, d'une *Histoire de Jules César*. Sans le moindre complexe il se mit à écrire les *Commentaires de César*.

La revue pétillante et alerte mettait en scène une succession de tableaux inspirés par ces faits récents. Il y avait là plus qu'un clin d'œil à l'empereur, un véritable piratage médiatique, qui produisit son effet dans les milieux concernés de la cour. Succès de curiosité garanti !

Une première représentation fut programmée à Compiègne et Pauline s'occupa de toute l'organisation. Parfaite muse de Massa, elle allait également être son interprète la plus talentueuse. Brillante dans tous les rôles, forçant l'admiration de ses compagnes qu'elle dépassait franchement sur cette scène-là comme sur d'autres, elle déploya un talent et un engagement inégalables. Elle n'égala pas toutefois l'impressionnante beauté de Mélanie qui interpréta deux rôles dans cette mémorable revue.

La qualité de la distribution était à la hauteur de celle du public. Qu'on en juge : la marquise de Galliffet interprétait le rôle de « l'Industrie », la princesse de Metternich ceux de « la Cantinière », du « Cocher » et de « la Chanson », la comtesse de Pourtalès faisait « l'Hôtel des ventes » et « la France ».

Massa dans ses Mémoires constate : « Madame de Pourtalès était éblouissante de beauté en France ». Madame Carette, évoquant les apparitions de Mélanie sur scène écrit dans *Souvenirs intimes de la cour des Tuileries* :

> On sait que le charme exquis, la beauté de la comtesse qui semblait réunir en elle les dons des trois Grâces, impressionnaient les foules. En effet partout où elle paraissait, l'enthousiaste curiosité qui s'attachait à ses pas rappelait les succès de madame de Récamier, qui fut, nous dit-on, importunée pendant des années par l'admiration publique.

Les autres acteurs s'appelaient : baronne de Poilly, prince impérial, baron Lambert, comte de Solms, comte Davilliers, marquis de Caux, vicomte de Las Miramas, son altesse le prince de Reuss, comte de Pourtalès, vicomte Fitz-James, et, précise le générique, l'orchestre était tenu par son altesse le prince de Metternich, alors que le souffleur était Viollet-Le-Duc.

Pauline Sandoz, princesse de Metternich (1836-1921)
qu'on appelait la « jolie laide »

*Les charades, un jeu de la bonne société*

À Compiègne s'installait également une autre coutume, d'un genre mineur mais de la même veine que celle des exploits théâtraux : les charades.

Pas un jour sans charade. La contagion gagna la province et dans chaque salon on sacrifiait à la mode. La Robertsau, évidemment, connut les siennes. Il ne s'agissait pas simplement de ce jeu intellectuel et distrayant consistant à deviner la solution d'une combinaison de syllabes et de mots. Non, l'exercice était bien plus élaboré. Il se passait sur scène et les acteurs, les mêmes que ceux des comédies, interprétaient des tableaux présentant toute la charade. Une telle combinaison pouvait donner lieu aux mises en scène les plus élaborées et aux inventions les plus déroutantes. Octave Feuillet développa en la matière une ingéniosité et un savoir-faire qui réjouirent plus d'une fois la cour assemblée autour de la scène. Nieuwerkerke, le compagnon de la princesse Mathilde, les Metternich, le marquis de Galliffet, l'écrivain Ponsard, démontrèrent une véritable maestria, stimulés par la compétition qu'ils avaient décidé d'établir entre eux.

Pauline, toujours à la pointe de l'événement, proposa de mettre en scène le mot « anniversaire », le jour de celui de l'impératrice. « Adrien » fut suggéré par le marquis de Massa. Il y eut des mots aussi insignifiants que : « fourbus » ou « portrait » et tout ce que l'on peut imaginer d'idées fertiles ou banales, issues des aristocratiques cerveaux rassemblés à l'occasion de ces séries. Chaque mot donnait alors lieu à une succession de tableaux et saynètes. Octave Feuillet écrivit à propos d'une de ces charades :

> Le succès est énorme, absurde. L'empereur riait comme un bienheureux devant ma « casquette d'or ». La princesse de Beauffremont (...) couverte de diamants, les cheveux pleins de diamants, le cou ruisselant de diamants, la robe constellée de diamants (...) madame de Beauffremont n'était pas

> moins éclatante dans son costume de fée (…). J'ai été salué par des salves insensées (…). Ceux qui doivent figurer demain dans la charade de Ponsard faisaient des mines plaisantes de consternation, quelques-uns remettaient leur rôle à Ponsard, qui, lui, brave et honnête cœur, se désespérait au point de se trouver mal. C'était une lutte sourde et effroyable entre les acteurs et actrices des deux charades.

On s'étonne devant un tel déploiement pour tant de banalité. Il s'agissait bien d'un doux rêve avant le cauchemar que l'on refusait de voir venir.

Aux représentations théâtrales et aux charades s'ajoutaient les tableaux vivants. C'est encore la princesse de Metternich qui en fut la grande prêtresse, secondée par Feuillet et Viollet-Le-Duc. Ces spectacles consistaient à présenter un tableau choisi parmi les sujets de la mythologie ou de l'histoire reproduits par les grands peintres. On s'ingénia ainsi avec *La Cruche cassée* de Greuze, *Le Déjeuner champêtre* de Watteau, *L'Olympe des dieux,* etc.

L'esprit de compétition, la volonté d'être les meilleurs animaient bien évidemment les « artistes », les mêmes que ceux qui brillaient dans les charades ou les comédies. Des princesses et des marquises qui donnaient le spectacle à d'autres princesses et à d'autres marquises, à l'empereur et à l'impératrice. On imagine aisément tous les enjeux qui sous-tendaient tant de plaisirs inoffensifs.

Les rivalités « d'artistes », avec leurs jalousies, leurs anxiétés, leurs énervements et leurs petites ou grandes dépressions, entraînaient sans nul doute d'autres rivalités. C'était à qui aurait la meilleure élocution, le timbre de voix le mieux placé, la présence sur scène la plus convaincante, la gestuelle la plus gracieuse. C'était, encore plus vraisemblablement, à qui aurait la plus belle toilette, la robe la plus originale, le costume le plus riche. C'était, à coup sûr, à qui porterait les ruissellements de diamants les plus grandioses, les plus précieuses pierreries, les rangs de perles les plus impressionnants.

Chaque fois qu'une des dames était assurée de monter sur scène pour une prochaine prestation, c'était la course au couturier, au joaillier, au coiffeur. On racontait avec insistance l'anecdote d'une de ces héroïnes, madame Magnan née Haritoff, femme du maréchal, désignée pour jouer le rôle de l'Amour et qui, n'ayant pas reçu son costume commandé à Paris, télégraphia précipitamment à son couturier : « Je fais l'Amour ce soir à Compiègne, il me faut mon costume ! »

On voit sans peine comment les maris pouvaient être étroitement impliqués dans les engagements de ces dames, et l'on devine bien aussi que, si les palmes de la beauté et de la grâce constituaient le but de tous ces exercices, d'autres enjeux d'une autre nature se négociaient très vraisemblablement autour de la scène de Compiègne. Certes, on se perfectionnait dans l'art de la conversation et l'on élargissait sa culture générale au contact des éminences du Tout Paris artistique ; on profitait également du spectacle pour nouer des contacts politiques ou des relations commerciales.

Ces messieurs, légitimement fiers de leurs artistes d'épouses, artistes d'occasion eux-mêmes, pouvaient donc aller chasser avec l'empereur, discuter de transactions futures et participer ainsi à une solide franc-maçonnerie des affaires. Banquiers, industriels, négociants, gouvernants et princes (souvent d'ailleurs le tout à la fois) brassaient sans nul doute des sommes considérables à l'occasion de ces fêtes du plaisir.

Il y eut des chasses mémorables dans les forêts de Compiègne et l'empereur était un fusil de tout premier ordre. Le tableau des dix ou douze chasseurs de la journée recensait presque toujours quelque trois mille pièces. Les chasses à courre étaient réglées par la vénerie impériale et offraient un spectacle impressionnant : chevaux racés, meutes alertes, uniformes et costumes hauts en couleurs. Tout y était grandiose, tout ! La princesse de Metternich raconte à ce sujet :

> Le soir après le dîner, avait toujours lieu la curée aux flambeaux dans la cour du palais. C'était un charmant spectacle. Le chef valet agitait la tête du cerf qui ne tenait qu'à la peau, laquelle couvrait la chair de l'animal dépecé. Sur un signe du piqueur en chef, on lâchait la meute qui, en hurlant et en aboyant, se précipitait sur le cerf étendu… Je le répète, c'était charmant à voir.

Voilà donc comment se déroulaient les « séries de Compiègne ». L'impératrice essayait de regrouper les invités par affinités si bien que Mélanie de Pourtalès, mesdames de Galliffet, de Rothschild, quelques Anglaises en vue, et la princesse de Metternich, se retrouvaient toujours dans la même série appelée « la série élégante ».

Lors des jeux du théâtre, des charades ou encore des tableaux vivants, l'impératrice était particulièrement stricte ; elle exigeait que seuls les invités soient présents, à l'exclusion de toute personne extérieure aux séries, « pour éviter les potins ou les cancans ».

C'était naturellement une excellente raison pour susciter, avec une imagination démultipliée et stimulée par l'interdit, les bruits les plus fantaisistes et les plus insensés. Pauline de Metternich, en butte à des inimitiés tenaces, était considérée par les malveillants comme le génie du mal des souverains français. Cette Autrichienne leur semblait trop bien en cour et comme son intelligence et son caractère l'amenaient tout naturellement à jouer un rôle dominant, on lui attribuait des arrière-pensées hautement coupables. Non seulement c'est elle qui aurait persuadé l'empereur de se lancer dans l'expédition du Mexique, mais elle serait aussi à l'origine de la débauche supposée des mœurs de la cour. Ces bruits alimentés avec une délicieuse malveillance tendaient ni plus ni moins à faire de l'Autrichienne de service une sorte d'agent de l'étranger. Il y avait des précédents célèbres.

Son franc-parler, son caractère direct et sa nature extravertie portée par une intelligence pétillante et une vaste culture, sa gouaille, sa manie de fumer comme un homme, ses chansonnettes grivoises poussées dans les salons, tout cela incitait les hérauts des gazettes à la charger. À Compiègne, il devait s'en passer de belles. Elle devait s'en donner à cœur joie, l'Autrichienne. Tous ces jeux n'étaient certainement pas aussi innocents que cela. La cour et la « haute » ne pouvaient que se livrer à la plus décadente débauche. Le stupre et la luxure en quelque sorte !

La rumeur bondissait de feuille en feuille toujours sans aucun fondement, lorsque Pauline elle-même alimenta le fiel des échotiers. « Sodome et Gomorrhe » aurait-elle lâché en parlant des « séries ». Quelle formule, quel aveu ! À partir d'une telle allusion luciférienne les imaginations se mobilisaient. L'air de la malveillance a des accents entraînants et prospère en toutes circonstances.

Alors, mœurs décadentes à Compiègne ? La dépravation, les jeux et les plaisirs constituaient-ils le moteur de cette cour jalousée ? En aucune manière ; et d'ailleurs Pauline évoque ce souvenir précis :

> Le prince de Reuss et moi, sachant tout ce qui se disait et se racontait sur les « séries de Compiègne », nous avions appelé les séjours « Sodome et Gomorrhe ». Lorsque le chambellan, qui était un peu raide et fort peu enclin à la plaisanterie, tournait de son air solennel et ennuyé la fameuse manivelle (pour déclencher la musique) et que deux malheureux couples se mettaient à tourner dans le salon, tandis que les autres, échoués sur des banquettes, bâillaient à se démettre la mâchoire, nous ne manquions pas de nous glisser l'un vers l'autre et de nous dire tout bas d'un ton navré et en levant les yeux vers le ciel : Sodome et Gomorrhe !

Cet humour au second degré n'arrangeait pas les malveillants. « Sodome et Gomorrhe » était pour eux une trop bonne aubaine, ils l'exploiteront. Sans les Mémoires de Pauline qui remirent les pendules à l'heure, sa boutade subsistait et développait un de ces fertiles malentendus de l'histoire. En réalité, Pauline était une femme de grande droiture, une amie délicieuse et fidèle qui détestait l'hypocrisie et la couardise mondaines. Elle était une de ces personnalités d'exception qui s'illustrèrent à leur époque non seulement par leur élégance, mais aussi par une sorte de suprématie intellectuelle et un authentique rayonnement.

Cette cour si pressée de se retrouver autour de l'éclat des choses, des badinages et des plaisirs n'aurait-elle donc constitué qu'un reflet des vanités d'une époque futile ? Aucune « politique culturelle » à l'image de celles qui ont si intensément préoccupé d'autres souverains n'aurait donc été imaginée en cette seconde moitié du XIX$^e$ siècle par le pouvoir en place ?

Les détracteurs s'arrangeront pour situer les vacations de la cour à des niveaux rudimentaires en dessous de la ligne de bienséance intellectuelle. L'image du plaisir pour le plaisir dans la plus totale insouciance collera longtemps au Second Empire et la plupart des chroniqueurs se précipiteront avec facilité dans l'exécration du règne de Napoléon III pour y persévérer de génération en génération.

L'ombre hostile de l'exilé de Guernesey n'était pas étrangère à ce cliché d'un empire délité. Une nouvelle fois sera vérifié l'axiome que ceux qui perdent ont tous les torts. La défaite de 1870 fut particulièrement lourde et le cortège de ses effets destructeurs d'autant plus intense. Il figea dans le grisé du passif les faits les plus positifs. Sedan aura rétrospectivement terni l'ensemble du règne y compris ce qu'il avait de brillant. Tout ne semblait plus s'analyser et s'exprimer qu'à travers le prisme des détracteurs.

Si le dynamisme industriel et le progrès économique semblent difficiles à nier, la vie culturelle, elle aussi, s'était alors développée avec originalité. C'est bien sous le signe de cette effervescence culturelle que se déroula à Fontainebleau, lors d'une rencontre de la cour, un épisode marquant : la dictée de Mérimée.

La scène a fait date et constitue un fait d'armes qui permit avec bonheur à tous les professeurs d'impressionner, pendant des générations, leurs juvéniles interlocuteurs. Mémorable instant qui demeurera longtemps une exceptionnelle grande première dans les annales de la souffrance grammaticale des méninges françaises, jusqu'à ce que Bernard Pivot, près de cent vingt ans plus tard, en exhume l'exemple.

Mérimée eut l'idée de faire faire une dictée aux hôtes de Fontainebleau, histoire de mesurer les connaissances de ceux qui acceptaient de s'y soumettre et d'introduire un nouveau mode de compétition amicale et originale. Il dicta son texte aux « participes véritablement torturants » selon Pauline de Metternich !

Certains invités, avec une sagesse instinctive, refusèrent avec la dernière énergie de se soumettre à un exercice dont ils ne maîtrisaient pas toutes les données et dont l'issue semblait marquée pour eux du sceau de l'incertitude. Cette mesure de prudence les écarta d'emblée du palmarès historique. Ils jugeaient, non sans raison, qu'un bon anonymat valait mieux qu'une piètre célébrité. Le résultat fut d'ailleurs plein d'enseignements sur la situation de la « francophonie » de l'époque. Pauline l'Autrichienne se souvint avec délectation :

> Nous écrivions sous la dictée de celui-ci (Mérimée). Quand il eut fini, il prit les différentes feuilles, et en les parcourant corrigeait et recorrigeait sans cesse. L'inquiétude s'empara des pauvres élèves !… Le travail de correction terminé, Mérimée se leva et déclara à haute voix le nom du lauréat, lequel, à la stupéfaction générale, était celui du prince de Metternich ! Il lut : « Sa majesté l'empereur a fait quarante-cinq fautes, sa majesté l'impératrice soixante-deux, la princesse de Metternich quarante-deux, monsieur Alexandre Dumas vingt-quatre, monsieur Octave Feuillet dix-neuf (je passe les autres) et le prince de Metternich trois… »
>
> Je vous laisse imaginer la figure consternée des deux académiciens. Elle nous fit tous éclater de rire. Alexandre Dumas se leva et alla vers mon mari en lui demandant : « Prince, quand allez-vous vous présenter à l'Académie pour nous apprendre l'orthographe ? »

On ne peut s'empêcher de penser que le récit de Pauline n'est pas innocent ni exempt d'arrière-pensées tant sa manière de proclamer les résultats est suggestive… (notons que l'historien Maurice Allem attribue soixante-quinze fautes à l'empereur, mais il est vrai aussi qu'il situe la scène à Compiègne alors que Pauline la raconte bien à Fontainebleau. Ah ! l'innocente mémoire.)

Voici le texte de Mérimée :

> Pour parler sans ambiguïté ce dîner à Sainte Adresse, près du Havre, malgré les effluves embaumés de la mer, malgré les vins de très bons crus, les cuisseaux de veau et les cuissots de chevreuil prodigués par l'amphitryon, fut un vrai guêpier.
> Quelles que soient et quelque exiguës qu'aient pu paraître, à côté de la somme due, les arrhes qu'étaient censés avoir données maint et maint fusilier subtil la douairière et le marguillier, bien que lui ou elle soit censée les avoir refusées et s'en soit repentie, va-t'en les réclamer pour telle ou telle bru jolie par qui tu les diras recommandées, quoiqu'il ne te siée pas de dire qu'elle se les est laissé arracher par l'adresse des dits fusiliers et qu'on ne leur aurait suppléées dans toute autre circonstance ou pour des motifs de toutes sortes. Il est infâme d'en vouloir pour cela à ces fusiliers mal bâtis et de leur infliger une raclée, alors qu'ils ne songeaient qu'à prendre des rafraîchissements avec leurs coreligionnaires. Quoi qu'il en soit, c'est bien à tort que la douairière, par un contresens exorbitant, s'est laissé entraîner à prendre un râteau et qu'elle s'est crue obligée de frapper l'exigeant marguillier sur son omoplate vieillie.
> Deux alvéoles furent brisés, une dysenterie se déclara, suivie d'une phtisie.
> « Par Saint Martin, quelle hémorragie » s'écria ce bélître. À cet événement, saisissant son goupillon, ridicule excédent de bagage, il la poursuivit dans l'église tout entière.

Le texte n'avait pour ainsi dire aucun sens. Seules comptaient les difficultés assemblées pour le plaisir de la cour !

En ce temps-là, la langue française était toujours vénérée à l'étranger dans les milieux dirigeants. Le souvenir éloquent de Voltaire flottait encore dans toutes les cours d'Europe et point n'était besoin, il y a un siècle, de subventionner des comités pour le soutien à la francophonie. Quant à promulguer des lois répressives, quelle invraisemblable ineptie cette seule idée aurait constitué, à une époque où la France brillait notamment grâce à sa langue !

De nos jours, la culture fait partie de l'arsenal des gouvernements. Elle est autant promue pour elle-même, dans toute la noblesse de ses objets, que pour contribuer à façonner l'image de celui qui la manipule. Fragile, complexe, insaisissable, elle s'accommode mal de la proximité du pouvoir et ne semble pleinement capable de prendre son envol que dans les aquilons rebelles. Pour rayonner, elle a besoin tout naturellement de surmonter des difficultés mais non pas celles qu'un pouvoir, lui-même empêtré, lui impose de force.

## *L'Empire et les arts, mariage et divorce*

Napoléon III était sincèrement attaché à la défense de la culture. En libéral passionné qu'il fut, il décida, par exemple, de créer sur sa cassette personnelle un prix littéraire que l'Académie serait chargée de décerner, démontrant ainsi de manière non équivoque son engagement en faveur des lettres. S'il fut poussé à interdire le *Galilée* de Ponsard, ce sera à son corps défendant pour ne pas s'aliéner le tout-puissant parti catholique et les représentants du clergé. Dans le même mouvement et pour les mêmes raisons, il fit supprimer les cours de Renan au Collège de France et actionna la justice contre *Madame Bovary*… Étrange époque et curieuse société que celle qui dansa le cancan et voulut rougir à l'évocation d'Emma Bovary. L'hypocrisie des faiseurs d'opinion a décidément des frontières élastiques !

Mais, tout en se prêtant à ces ternes décisions, le passionné d'archéologie qu'était Napoléon III subventionnera sur ses propres deniers des dizaines de fouilles pour des sommes si importantes que l'on estimera qu'elles lui coûtèrent bien plus cher que d'autres plaisirs plus personnels.

C'est aussi son goût pour l'histoire qui le conduira à s'atteler lui-même à la rédaction d'une *Vie de César*. Généreux et engagé à titre personnel, mécène aussi, Louis Napoléon s'inscrira pour l'achat de mille exemplaires des *Entretiens littéraires* que Lamartine, en difficulté, sera obligé de proposer en souscription. Enfin, le même Napoléon parcourra personnellement le Salon de 1863, avant l'ouverture officielle, pour se rendre compte de la qualité et de la nature du scandale des toiles rejetées. C'est lui qui, quatre jours plus tard, prendra la décision d'ouvrir un « salon des refusés » et permettra par conséquent à Manet de présenter au public son *Déjeuner sur l'herbe* révolutionnaire et « indécent » pour cette époque réaliste et pompier.

L'empereur évitera néanmoins tout risque personnel en achetant le tableau d'un peintre très à la mode et conventionnel, d'une beauté niaise à l'érotisme angélique : *La Naissance de Vénus* de Cabanel, qui représentait le bon goût officiel. Cet artiste était adulé par le Second Empire, dont il fréquentait assidûment les salons. La toile achetée par Napoléon le consacra peintre de la femme. Cela lui permit de se sentir conforté dans ses engagements esthétiques ainsi que dans son statut de peintre officiel. Il continua donc de plus belle à combattre ceux que l'on appelait les impressionnistes.

La culture n'était donc pas absente des préoccupations de la cour mais elle était plutôt traditionaliste et sans véritable audace, tournée essentiellement vers le culte du patrimoine et sacrifiant à la mode du temps.

La princesse Mathilde tenait de manière quasi officielle un salon des gens de lettres et des artistes. Il avait lieu tous les dimanches, était très couru et constituait un événement permanent dans le microcosme par la qualité de ses rencontres.

On y retrouvait régulièrement Sainte-Beuve, Flaubert, Barbey d'Aurevilly, les deux Dumas, Taine, Mérimée, Feuillet, About, les Goncourt, Viollet-Le-Duc, le jeune Alphonse Daudet ainsi que des artistes comme Cabanel, Corot, Hébert, Fromentin, Baudry.

Chez le prince Jérôme, Delacroix, Berlioz, Halévy, Ingres, Vigny, constituaient un autre noyau artistique au tempérament parfois plus critique, encouragé en cela par les jalousies du maître de maison. On voyait aussi dans les deux salons « les femmes les plus en vue pour leur beauté et leur charme » : la princesse de Metternich et la comtesse de Pourtalès, ainsi que la comtesse Walewska et la marquise de Contades. Ni dans l'un, ni dans l'autre on ne rencontrera Zola, plongé dans son combat naturaliste et social qui ne souffrait aucune compromission avec les gens de cour. Il est vrai que quelques grandes figures manqueront à l'appel des salons officiels, cependant que Hugo « l'exilé » menait sa lutte finale contre « Napoléon le petit ». Aux yeux de l'histoire et pendant près d'un siècle, il a sans nul doute gagné la partie. Avec son aura impressionnante et son règne impérial sur les lettres françaises, Victor Hugo et sa rancœur auront fortement contribué à dénaturer l'image de l'empereur. Il avait donné le ton, et par la suite, rares furent ceux qui eurent l'imagination ou la volonté de prendre le contre-pied et de considérer le Second Empire autrement qu'à travers ses jugements négatifs.

Il aura fallu attendre plus d'un siècle pour que nous en ayons une vision plus objective. En ce sens le *Louis Napoléon le Grand* de Philippe Séguin constitue une éloquente contribution à la redécouverte de ce régime et à sa réhabilitation.

### *L'essor du Second Empire*

Pendant que la cour poursuivait son rêve féerique, le gouvernement gouvernait, l'empereur décidait et l'économie tournait.

1855 fut l'année de la prestigieuse exposition universelle qui verra le monde entier accourir à Paris. Elle couronna les succès économiques de la France ; les souverains les plus en vue viendront rendre hommage à la capitale du Second Empire.

L'expansion industrielle battait son plein et personne ne songera à nier un progrès que les faits attestaient avec évidence : la production doubla de 1845 à 1865, les exportations triplèrent sous le Second Empire par rapport à la Monarchie de Juillet, le réseau ferroviaire passa de 3 700 kilomètres en 1851 à 18 000 en 1870, le crédit fut réorganisé par la création des grandes banques comme la Société générale, le Crédit Lyonnais, le Crédit foncier de France ; les grands magasins se développèrent, Paris se modernisa de manière révolutionnaire avec les grands boulevards et les avenues modernes.

Époque de développement intense des affaires, le Second Empire a fait progresser la France industrielle de manière spectaculaire mais ce fut aussi le temps de la « bête humaine ». Les pénibles conditions de travail des ouvriers suscitèrent alors les grandes réflexions sociales. Louis-Napoléon fut l'un des premiers à souhaiter avec beaucoup de sincérité « l'extinction du paupérisme ».

Sur ce terrain, Karl Marx prit toutefois quelques longueurs d'avance en lançant avec Engels son *Manifeste du Parti Communiste* dès 1848 puis, en 1852, *le 18 brumaire de Louis-Bonaparte*. Cette affaire-là allait d'ailleurs fructifier de son côté, en un terreau socialement réceptif.

Le banquier alsacien Renouard de Bussierre, directeur de la Monnaie de Paris, participait aux premières places à cette expansion exemplaire. Le comte Edmond de Pourtalès, avec toute la force de sa jeunesse, progressait dans l'irrésistible courant qui emportait vers les succès ceux à qui le destin et la naissance avaient donné le goût des affaires et de la finance. Encore fallait-il savoir gérer son potentiel avec l'intelligence réaliste qui permet d'éviter les obstacles et la débâcle des faillites. Edmond était orfèvre en matière de relations publiques et cultivait les amitiés d'affaire dans tous les milieux, s'imposant avec discrétion et finesse. Sa personnalité affable et sa parfaite courtoisie, ses qualités de cœur, son sens de l'organisation et ses réussites sociales, lui valaient la considération de tous.

Mélanie, quant à elle, occupait une place enviée dans l'entourage de l'impératrice. La très influente princesse de Metternich était dorénavant son amie et leurs liens se renforçaient chaque jour. On n'aurait imaginé protection plus prestigieuse ni plus agréablement efficace.

La vie ressemblait donc à une promesse de plaisirs ininterrompus, conduisant la jeune femme de fêtes en bals, de dîners en réceptions, de salons en villégiature. Dès lors, comment imaginer son existence, en ce milieu d'artifices et de facilité, sans évoquer les feux de la convoitise et les tentations permanentes ?

Personne n'était à l'abri de l'irruption d'une aventure. C'était dans l'ordre des choses, surtout en un milieu où tout tendait à stimuler et à nourrir les passions. Il est clair aussi que ces aventures du cœur, même démultipliées et concentrées aux Tuileries, n'autorisaient personne à parler de mœurs dissolues. La débauche n'avait pas accès à la cour mais comme tout est dans la nuance, prétendre qu'il n'y eût qu'innocence et pureté serait tout aussi hypocrite.

La débauche était pourtant évoquée avec insistance dans les gazettes. Il est aujourd'hui établi qu'on en rajoutait avec délectation. Tous ceux qui nourrissaient des arrière-pensées politiques ou tout simplement les jaloux et les aigris réglaient leurs comptes en se livrant à la propagation de la rumeur. Il fallait aussi compter avec ceux qui, à toute époque, font profession de colporteurs et d'amplificateurs des ragots.

Il peut dès lors sembler intéressant de jeter un regard juste et dépassionné.

L'orfèvre le plus talentueux en matière de potins et de ragots, celui qui régnait en souverain en ce domaine, fut un étrange aristocrate-écrivain : le comte Horace de Viel-Castel. Il était craint de tous ses pairs car tous connaissaient et redoutaient sa verve de mémorialiste. Reçu dans tous les salons, présent aux manifestations officielles de la cour, Viel-Castel épinglait cruellement son propre milieu. Il écrivait avec une surprenante liberté morale et décrivait – ou affabulait – sans le moindre frein. Son talent littéraire était certain et en s'en servant avec habileté il réglait des comptes, égratignait et blessait. Les amours de madame de Castiglione, le comportement de l'empereur, les frasques de telle baronne et les attraits de telle autre, tout était consigné au jour le jour dans ses Mémoires. Vieil-Castel était tellement insupportable à la caste qu'en 1882 le Jockey-club décida de brûler ses écrits ainsi que le relate le marquis de Massa dans une de ses lettres à Mélanie :

> Pas d'autres potins que les *Mémoires* de Vieil-Castel.
> Le premier volume a traîné pendant deux jours, mais le comité en a aussitôt ordonné l'autodafé.
> Cela promettait, du reste !
> Des noms en toutes lettres et les accouplements en évidence, tels que Flamorens, (illisible), Jérôme et autres qui florissaient en 1881. Nomenclature des amants de madame de Rémusat, auteur des mémoires que vous savez et qui n'a que ce qu'elle mérite. Un marquis de Gonay, dois-je vous le dire, séparé pour cause d'impuissance… Voilà à peu près la teneur du premier volume.
> Pas un trait d'esprit du reste. Mon étonnement est profond de voir que la saisie a été ordonnée sous le régime actuel.

Nous sommes alors sous un ministère Gambetta : Jules Grévy est président de la République et « le pouvoir, petit bourgeois, est anticlérical, anticapitaliste et antimilitariste », selon la formule simple d'un historien de l'époque.

### *Mélanie a bien des attraits*

Mélanie ne figure ni sur les tablettes de Viel-Castel ni sur d'autres moins réputées. Sa vie à la cour était apparemment irréprochable et n'était pas à comparer avec celle de la Castiglione, de madame Walewska ou d'autres qui firent retentir avec éclat leurs frasques et leur libertinage. Mélanie était toute de retenue et conduisait sa beauté avec sagesse.

Pour autant n'était-elle pas pur esprit ni totalement angélique. Elle n'était pas de marbre. Or, la cour pouvait être un lieu de constantes tentations. S'il y régnait un grand nombre de belles éblouissantes, on sait qu'y évoluait aussi un tourbillon de galants, de dandies et de jeunes séducteurs permanents. Comment échapper à l'aventure qui lançait ainsi ses feux ? Devenir courtisane eût pu être une fatalité dans un milieu où l'empereur en personne donnait assez souvent l'exemple de la légèreté. La vie sentimentale impériale était en effet tumultueuse et n'échappait à personne.

Sur ce plan, les échotiers s'en donnaient à cœur joie. On généralisait volontiers et Pauline, grâce à la fréquence et au retentissement de ses frasques, constituait tout naturellement une cible idéale. On raconte, par exemple, qu'elle n'hésita pas, à l'issue d'une soirée un peu plus gaie qu'à l'ordinaire, à singer sur le trottoir les filles qui s'y trouvaient. La maréchaussée, sans l'intervention de son ambassadeur de mari, était prête à l'embarquer.

Aux yeux d'un de ses pires détracteurs, elle aurait eu « la fantaisie d'aller en compagnie de Richard, du prince de Galles, de monsieur Nigra, de mesdames de G…, et de P… et de quelques autres, souper dans un cabaret à la mode où se trouvaient plusieurs femmes galantes ». Voilà qui constituait une suprême inconséquence selon ce polémiste que l'on peut trouver bien faiblement argumenté en ses hostilités contre la princesse. Il est vrai qu'elle aimait rire, parler fort et fumer le cigare. Il est vrai aussi qu'au cours d'une soirée elle avait chanté des refrains légers et populaires, en se mettant à danser, jupes relevées au-dessus du genou, un cancan endiablé sous les yeux ébahis de son mari qui grogna : « Aber Pauline… aber, aber… »

Mais si elle aimait à jouer les briseuses d'étiquette, Pauline n'en était pas moins amoureuse de son mari, et elle souhaitait conserver ses sentiments de manière très exclusive : « Tous les matins je lui casse une patte, comme ça je suis tranquille pour la journée » disait-elle, dans son style très personnel.

À côté d'elle, l'inséparable Mélanie semblait sage et calme, infiniment moins fantasque. Le contact de son amie la stimulait et l'entraînait mais elle conservait ce fond de moralité rigoureuse que son éducation protestante et alsacienne lui avait acquis.

Il n'en demeure pas moins que ses admirateurs, prétendants, soupirants et autres galants étaient légions. Comment aurait-il pu en être autrement, et qui donc pouvait rester insensible en sa présence ? Certainement pas l'auteur de cette lettre anonyme :

> Ave Dea !
> Cent fois il l'avait aperçue dans les fêtes, entourée d'un peuple d'admirateurs, toujours plus belle que les beautés qui lui faisaient un cortège. Il savait que chacun de ses pas marquait un nouveau triomphe, que chacun de ses regards lui valait une conquête nouvelle.
> Mais jamais il ne l'a regardée !
> D'ailleurs, elle lui paraissait de loin, comme un beau corps sans âme et pour lui la forme comptait peu, si quelque rayon de l'esprit, quelque souffle du cœur ne l'éclairaient d'une lumière vive et profonde. En la voyant passer, toujours souriante et jamais pensive, emportée sur les ailes de la fortune, dans un tourbillon, il restait froid. Cet homme demandait à être ému. Le vers le mieux frappé, la phrase la plus sonore le laissaient insensible. Les feux d'artifices des poètes du jour ne l'éblouissaient pas plus que les combinaisons bruyantes des musiciens de « l'avenir ». Il dédaignait la virtuosité et ne gardait que l'idée, que le sentiment. Le bruit l'éloignait, le calme l'attirait. Il méprisait la galanterie, il s'enflammait devant la passion !
> Un jour il se trouva face à face avec l'Idole.
> Si cette femme avait une âme, pensait-il, ce serait un chef-d'œuvre sans pareil. L'idéal réalisé ! C'était dans le temple de l'art. On jouait la symphonie en ut mineur.
> Il contempla, d'abord vaguement, cette reine de beauté pendant que sa pensée suivait celle de Beethoven. Tout à coup,

> il vit la figure de l'Idole s'illuminer d'une flamme intérieure, son regard briller d'une douce lueur, à travers le plus pur cristal, son sein s'agiter sous le velours et la bouche rester muette, attentive, altérée d'harmonie.
> Comme le sculpteur antique, le musicien avait animé la statue. Une âme était là, vibrante ! Un accent vrai, puissant venait de la faire palpiter sous son enveloppe exquise…
> Ce fut une révélation. La nouvelle Galatée prit aux yeux de l'artiste un charme irrésistible.
> Il lui sembla que la chevelure ambrée lançait des étincelles, que son regard céleste sortait des effluves d'enthousiasme et d'amour, que son sourire enchantait comme un philtre, que sa taille de déesse dominait tout le monde, que son âme versait l'ivresse…
> Il s'oublia dans cette contemplation ; en regardant autour de lui, il s'aperçut que les chants avaient cessé, que la foule s'était écoulée, qu'il restait seul, loin de l'apparition évanouie déjà !
> Grande magicienne, descendez de votre nuage et apparaissez aux mortels qui aspirent à vous voir.
> Que votre voix suave frappe de murmures mes oreilles !
> Ave Dea

La déclaration est d'une exquise finesse. Anonyme, elle est toutefois jalonnée d'indices qui permirent à sa destinataire de la décrypter. En premier lieu par les armoiries de l'en-tête : le chiffre C dans une ceinture en boucle, dans laquelle se trouve inscrite cette devise qui est un programme prometteur : « Peu dire et beaucoup faire ». Par ailleurs, le temple de la musique et la V^e^ symphonie de Beethoven valent une signature.

En se présentant comme un homme insensible à la froideur d'une beauté « toujours souriante et jamais pensive », l'auteur apparaît comme rebelle aux apparences et à la superficialité des choses, attentif avant tout aux secrets de l'âme et à la vie intérieure.

La lettre fut conservée à jamais, gardant aujourd'hui encore son secret…

Que pouvait bien ressentir Mélanie devant un tel déploiement de séduction ? L'auteur de *Ave Dea* avait-il cédé à un fantasme personnel, ou lui avait-on laissé quelque espoir pour qu'il déclarât une telle flamme ? La déesse se tenait-elle à distance non équivoque ou au contraire allait-elle embraser de temps à autre certains foyers sensibles et passionnément réceptifs ?

La fidélité à sa famille comptait plus que tout, mais peut-être lui arrivait-il, à elle aussi, de s'évader en ces passions intérieures et secrètes qui transportent l'âme. S'il est clair qu'elle n'a jamais été une courtisane, elle n'en a pas été pour autant interdite de tout sentiment... Succomber aux traits d'une passion dont elle aurait été l'inspiratrice pouvait être après tout une chose bien excitante.

Il ne s'agissait là que de l'éternelle histoire des amours défendues qui, dans ce milieu très libre de la cour des plaisirs, fleurissaient avec ferveur. En cette matière, la sage Mélanie observait son environnement avec un détachement amusé et elle estimait que ces états ne pouvaient relever que de la débauche invétérée ou alors de l'accident pur !

Imaginons l'amoureux accident.

Parmi les lettres à Mélanie figure celle du comte de Fitz-James, jeune officier de la marine de sa Majesté britannique.

La lettre du 4 septembre 1865 envoyée à la Robertsau est anodine et fait réponse à celle de Mélanie, « bien vieille puisqu'elle date de douze jours ». Fitz-James, entre Toulon et Brest, évoque la peine qu'il éprouve à quitter une foule de bons amis et de gens (qu'on) aime... « Je m'habitue difficilement à cette idée, mais si de loin en loin on ne se violentait pas un peu, on deviendrait à un moment donné incapable de supporter aucune privation. »

On apprend aussi que Mélanie a chassé chez elle et à Offenburg. « Vous devez être très fatiguée à la fin de votre saison et Compiègne (elle doit s'y rendre en passant par Paris et il espère la voir...) n'est pas de nature à reposer. Mais ce qui amuse ne fatigue guère ».

La cour impériale photographiée à Fontainebleau le 24 juin 1860 par Adolphe Braun :
l'empereur Napoléon III (1), le prince impérial (2), l'impératrice Eugénie (3),
le prince de Metternich (4), la princesse de Metternich (5), Mélanie de Pourtalès (6)

Il évoque ensuite un des grands événements parisiens, le mariage de Mouchy avec la princesse Murat :

> Drôle de mariage que celui de Mouchy ; j'en ai été bien surpris, le mariage se fait, dit-on, aux Tuileries, après on leur prêtera le Trianon pour s'expliquer, c'est assez princier mais pas autrement enviable, quoique ce soit une des gentilles femmes qu'on puisse trouver. Mais elle est si mal apparentée…
> Il conclut : Adieu chère Madame, vous êtes très sûre de mon amitié, n'est-ce pas, et bien convaincue que la distance n'y changera rien…

Belle, très belle protestation d'amitié ! À étudier de près le graphisme du mot amitié, on ne peut manquer d'être surpris par une surcharge en forme de rature très volontaire. Se serait-il trompé ?

L'interprétation d'une rature dans une lettre bien banale serait forcément audacieuse et sans doute un peu tirée par les cheveux si une touchante et sympathique historiette n'était décrite dans l'ouvrage de la baronne de Stoeckel, déjà mentionné. Scène de coup de foudre :

> Charles, comte de Fitz-James, fils du duc de Fitz-James, arriva à Paris après son service naval. Il était jeune, à peine vingt ans, grand, beau garçon et toujours très soigné, qu'il soit en uniforme ou en civil ; sans compter la finesse d'esprit qu'il avait héritée de sa famille. Mélanie de Pourtalès, toujours adorable, le vit pour la première fois chez la marquise de Las Marimas. Alors qu'il s'approchait d'elle pour lui être présenté, escorté par son ami le capitaine Duperré, ils tombèrent immédiatement amoureux l'un de l'autre, un véritable coup de foudre.
> Ce fut un amour qui dura plusieurs années. Personne ne s'en offusqua, ceci a toujours existé en France, mais, à la différence des autres pays, de manière moins brutale, toujours agréablement et sans heurts, une ravissante histoire d'amour en fait.
> Ce qui se passa réellement derrière les rideaux de la chambre à coucher ne fut jamais l'objet d'aucune conversation ; pour tout le monde il s'agissait bien de galanterie et de respect.

> Mélanie était divinement adorable, et Charles divinement spirituel.

Toute la question consiste à savoir quelle est la part romancée de l'ouvrage de la baronne de Stoeckel. Si nous la suivons dans ses poétiques descriptions, si nous rêvons avec elle, Mélanie était bien la romantique amoureuse succombant aux grandes passions du cœur. Franchement, qui eût imaginé cette merveille de grâce, « belle comme un Greuze », évoluer de marbre et de glace au milieu de la fête impériale des plaisirs ?

Les propos de Frédéric de Carcy pourraient-ils constituer un démenti à ce type d'aventures que l'on pouvait ainsi prêter à Mélanie, lorsqu'il écrit : « Elle était déjà à Strasbourg ce qu'elle est restée, dit-on : fort aimable, ayant plus de tête que de cœur et grâce à cette organisation ayant résisté aux dangers que l'ivresse compréhensible de ses succès avait dû lui donner souvent, au milieu de la foule des adorateurs qui lui faisaient partout cortège » ?

Il ne semble pas, en effet, qu'elle eût été jamais une comtesse papillonnante, et l'on comprend d'autant moins l'allusion d'une très grande familiarité que se permit le marquis de Galliffet dans une lettre à un de ses sous-officiers à Paris, alors qu'il se trouvait envoyé en pénitence au Sahara : « Quand vous verrez la belle Mélanie, mettez à ses pieds mes regrets souvent renaissants. Edmond ne comprendra pas, mais elle pour deux. »

Fanfaronnade d'un turbulent de la cour, soldat et séducteur fantasmant sous le soleil africain ? Vantardise d'un chasseur qui voulait ainsi suggérer pour son tableau le nom d'une des femmes les plus belles de son temps ?

Est-il permis d'affabuler pour la seule raison qu'au très célèbre bal costumé de l'hôtel d'Albe, donné par l'impératrice chez sa sœur le 24 avril 1860, le marquis de Galliffet était déguisé en coq… que la comtesse de Pourtalès resplendissait en un superbe costume Louis XV, et qu'ils remportèrent tous deux la palme du plus beau déguisement ? Et parce qu'ensuite le célèbre aquarelliste Baron les a tous deux immortalisés en costume, et qu'au musée Carnavalet on mit leurs silhouettes face à face ?

Bien plus brillante et plus aristocratique semble la déclaration du prince impérial Napoléon : « AMOUR (Dieu mythologiquement en activité de service). Excusez, je vous prie cette carte de visite (nocturne) à forme étrange et démodée, mais l'on est un peu arriéré sur l'Olympe et j'en arrive en droite ligne ». Mélanie écrivit sur le document la mention suivante : « Arenenberg 8... bre 1879, écrit et mis sous ma porte par le prince impérial. »

Il restera bien des petits mystères et des grands secrets dans les coulisses de l'histoire qui en constituent tout l'intérêt et le charme.

*Les Loutons et les Loutonnes*

Mélanie, fêtée pour sa beauté, bien installée dans les allées du pouvoir, familière de l'impératrice et amie de la princesse de Metternich, allait s'attacher maintenant à développer son rayonnement propre. Elle commencera par cultiver ses cercles d'amis. C'est elle, en très grande partie, qui sera à l'origine d'une bien joyeuse société, regroupant tous ses proches, les Metternich, Fitz-James, Galliffet, Sagan, Turenne. Ils décidèrent d'institutionnaliser leur camaraderie de plaisir en se situant pleinement dans l'air du temps, l'air officiel, pour ainsi dire, qui suggérait en guise de programme : « Congédier l'ennui sous toutes ses formes ».

On se retrouverait ainsi régulièrement sous l'appellation de « Loutons et Loutonnes » comme au sein d'un cercle fermé, avec ses règles et ses mœurs, dont l'essentiel pouvait se résumer en ceci : « Il est défendu d'être mélancolique ! Il est interdit aux soucis d'entrer dans les lieux, gaieté de rigueur ! »

Un tel programme ne pouvait que rallier les suffrages, encore fallut-il réunir toutes les conditions pour le réaliser ; dans cette petite société il n'y eut a priori aucune difficulté. Ce n'était après tout que la résurgence remise au goût du jour, de l'épicurien *Carpe diem* du poète Horace. D'où vient ce nom curieux ? Peut-être d'une contraction de loup et de mouton, symbole de l'alliance de la férocité du dévoreur et de la douceur du dévoré.

Les Loutons eurent une existence éphémère car dans le domaine des délices on « vit ce que vivent les roses, l'espace d'un matin ».

La meilleure illustration de cette vie loutonne fut donnée un soir chez les Pourtalès, dans leur hôtel de la rue Tronchet. Un dîner suivi d'un bal allait réunir la joyeuse et aristocratique bande d'amis ainsi qu'un certain nombre d'autres célébrités de l'époque. L'escalier central resplendissait à la lumière des flambeaux et de chaque côté, sur les marches, se tenaient comme à la parade des valets de pieds en perruque poudrée. Leur comportement se signala rapidement par d'étonnantes extravagances et tranchait avec l'étiquette de cette soirée très mondaine. Ils s'invectivaient, aboyaient les noms des visiteurs illustres, n'en prononçant aucun de manière convenable. Tous étaient déformés grossièrement. La comtesse Walewska devenait « Walezovska ». La princesse de Metternich fut transformée en « madame de Materna », ce qui eut pour effet immédiat de faire bouillonner les sangs de l'impétueuse Autrichienne qui s'adressa vivement à Mélanie : « Ma chère Mélanie, que se passe-t-il donc avec votre personnel, de quels gens vous êtes-vous donc embarrassée ? »

Mélanie s'excusa invoquant un changement intervenu parmi ses domestiques et des difficultés de recrutement : « Ce n'est qu'un pli à prendre. D'ici quelque temps ils seront stylés comme il faut ! »

On passa à table et au moment où les convives pénétrèrent dans la fameuse salle à manger pourpre : stupéfaction ! les valets étaient attablés liquidant de belle manière les plats préparés pour les convives. Sidérant et incompréhensible dans une maison de la qualité et du rang de celle des Pourtalès ! C'était la réédition de la prise de la Bastille ! Après quelques instants de légitime émoi parmi les invités, les valets se déperruquèrent et l'on reconnut sous le maquillage les amis les plus fidèles du cercle des Loutons qui venaient de se livrer à une de leurs fantaisies. Le marquis de Galliffet, le comte de Fitz-James, Louis de Turenne et leurs comparses, avaient ainsi attendu leurs Loutonnes qui finirent par se remettre de cette effroyable plaisanterie au cours d'une soirée particulièrement gaie.

L'histoire du cercle des Loutons et des Loutonnes n'était rien d'autre qu'une forme de participation inédite à la frénésie ambiante du jeu de société.

Un besoin très particulier animait les « monstres sacrés » de cette époque, qui se sentaient poussés à jouer des rôles, à interpréter des personnages et des situations, à se réfugier sous toute sorte de déguisements. La contagion de Compiègne gagnait le Tout Paris impérial.

### *Mélanie, la belle comédienne*

La cour, en tout premier lieu, allait s'adonner de manière quasi professionnelle au théâtre et à la comédie de société.

On peut lire sur ce masque mis par toute une époque et par l'élite de sa société, la prémonition de la fuite des éléments et la mise en scène de l'effondrement succédant à l'éphémère.

À cœur perdu chacun jouait au plaisir en cette année 1865.

L'impératrice elle-même continuait à donner l'exemple, incitée par Octave Feuillet qui créait des mises en scène sur mesure dans la ligne de ses essais de Compiègne.

Fortement encouragée par Pauline et stimulée par toutes ses amies, Mélanie monta donc sur les planches. Son premier rôle fut celui de la Fée – on n'échappe pas à son image – dans *Les Cascades de Mouchy* – revue de l'année 1863.

La Fée était évidemment un rôle créé pour elle, sur mesure. Voici son entrée en scène :

> CRÉTINOPOULOS. *(apercevant la Fée descendant des rochers) :*
> « Oh ! la belle dame. (*interrogeant*) Madame ?…
> LA FÉE. La Fée de la cascade.
> CRÉTINOPOULOS. Oh ! La belle fée ! Daignez excuser mon trouble… Votre apparition ne me permet plus de vous témoigner mon admiration que par mon émotion, qui n'est nullement une fiction.
> LA FÉE. Remettez-vous, jeune étranger ! Vous voulez savoir où vous êtes ?… À Mouchy. Ce séjour est celui de l'élégance…
> CRÉTINOPOULOS. C'est à coup sûr le royaume des fées dont vous êtes la reine.

La Fée, grâce au pouvoir de sa baguette va faire défiler toutes les nouveautés de l'année. Sur l'air de : *Ne raillez pas la garde citoyenne,* elle chante :

> Vous allez voir le Paris que l'on rêve,
> Paris bruyant, actif, joyeux, léger
> Où comme autant de vagues sur la grève
> On voit venir les flots de l'étranger !
> Vous y verrez de vastes maisons blanches,
> Des arbres verts vivaces et touffus ;
> Des bancs jetés à l'ombre sous les branches,
> Des boulevards qui n'en finissent plus !
> Vous y verrez le faste et l'opulence,
> Le sot orgueil, la fière pauvreté,
> Des parvenus tout bouffis d'insolence,
> De grands seigneurs pleins de simplicité.
> Vous y verrez, sans chercher aventure,
> De frais minois, des cheveux blonds ou noirs,
> De grands yeux bleus qu'on promène en voiture,
> De petits pieds glissant sur les trottoirs.

Vous y verrez un public trop folâtre
Se contenter d'un sujet rebattu...
Vous y verrez des pièces de théâtre
Prôner le vice et flétrir la vertu...
Et vous verrez, si le génie abonde
Dans cette ville aux succès triomphants,
Que les Français, premier peuple du monde,
Que les Français sont tous de grands enfants.

Oui, un rôle sur mesure.

Si l'on excepte la mise en scène, la musique et les costumes, où y a-t-il dans ces textes, la moindre distance par rapport aux réalités ? Il s'agit de la vérité de l'époque, une vérité que l'on se joue, tellement elle semble irréelle, tellement on s'y accroche.

Le dernier « air des cascades » est chanté par notre Fée sur l'air d'*Yelva*.

La Fée

Ici finit la puissance magique
De tout ce que ma baguette opéra,
Et la cascade en cet instant tragique,
Est pour l'auteur le saut du Niagara !
Faut-il, hélas ! ô suprême culbute !
Que l'eau qui tombe emporte nos destins,
Quand vous n'avez sur le bord de la chute,
Pour nous sauver, qu'à tendre les deux mains ?

Il y a là comme un air de vérité.

Le 26 mars 1865 est donnée en l'ambassade d'Autriche, une pièce « en l'honneur de l'anniversaire de la naissance de madame la comtesse de Pourtalès ». Il s'agit, précise Massa, d'une comédie en un acte mêlée de couplets ; un divertissement qui met en scène Mélanie devenue ainsi le sujet d'une pièce de théâtre. Les acteurs sont rien moins que le prince et la princesse de Metternich, le comte de Solms et le comte Apponyi.

Enfin, les 26 et 27 novembre 1865, *les Commentaires de César* connurent un vrai succès. Toute l'actualité de l'année défilait devant les spectateurs, y compris la femme à barbe incarnée par Asthon Blount qui chantait comme une diva. À la fin de la revue, La France (comtesse de Pourtalès) s'avançait vers la rampe et chantait:

> Je vous ai retracé
> Le Présent, le Passé;
> Mais, avant de finir,
> Je veux encore vous montrer l'Avenir.

Et l'Avenir parut sous les traits du prince impérial…

*Les Commentaires de César* avaient eu alors un si grand succès qu'en 1867, lors de la visite des souverains étrangers à Paris pour l'exposition universelle, l'empereur et l'impératrice leur offrirent ce spectacle aux Tuileries et Mélanie interpréta à nouveau le rôle envié de La France. Elle y était particulièrement belle. Voici comment la décrivait l'épistolier anglais, North-Peat:

> Son teint éclatant et sa chevelure dorée ressortent admirablement par le contraste du casque et de la cuirasse d'or, sur laquelle se drape une mante de velours vert, blasonnée des armes impériales et des abeilles symboliques.

Les textes des revues de Philippe de Massa n'étaient sans doute pas destinés à pousser leur auteur vers l'antichambre de l'Académie. On a toutefois plaisir à les lire même si l'édition française a oublié ce recueil depuis sa première parution. Aucune de ses comédies n'est un chef-d'œuvre. Elles n'en avaient sans aucun doute ni la prétention ni l'ambition. Certaines strophes qui pourraient paraître niaiseries inféconde n'avaient d'autre objectif que la distraction passagère d'une société restreinte, relativement fermée sur elle-même et confinée dans l'élitisme de la cour impériale. Elles étaient amusantes à la manière du cabaret et des prestations de chansonniers ; on ne peut contester leur valeur documentaire.

La comtesse de Pourtalès en costume Louis XV,
au bal de l'hôtel d'Albe

Le marquis de Galliffet en coq,
au bal de l'hôtel d'Albe

La princesse de Metternich en diable noir,
au bal du ministère de la Marine

La comtesse de Pourtalès en bayadère,
au bal du ministère de la Marine

N'oublions pas qu'au moment de leur présentation au public, le succès était indiscutable.

L'exemplaire personnel de Mélanie du recueil des comédies de Massa édité en 1877 porte cette dédicace de l'auteur : « À Madame la comtesse de Pourtalès de la part de son vieil ami, Philippe de Massa ». Il finit par un épilogue en vers de treize strophes, dédié aux parents de Mélanie en l'honneur de leurs noces d'or à la Robertsau.

Tout le volume est traversé par Mélanie, soit comme personnage, soit comme comédienne. Le témoignage de son intérêt pour les arts et de son engagement ne pouvait être produit de manière plus éloquente. Dans une belle lettre que lui adressa Massa, bien plus tard, en 1882, il ne put s'empêcher, en guise de dernière ligne, de « se prosterner aux pieds de cette belle France que vous avez si bien personnifiée un jour avec toute sa beauté, toute sa gloire, et, hélas ! tout ce qui lui manque ».

Une autre lettre non datée de Massa finit ainsi : « Si je vous disais à quel point je vous aime, ce ne serait pas encore assez ! Votre vieil ami, Philippe ».

Elle aussi, notre comédienne, écrivait à son auteur. Elle sentait la nécessité, entre des répétitions sans doute irrégulières, poussée par le trac, d'exprimer des angoisses, des doutes, des incertitudes :

> Votre lettre a couru après moi et je ne la reçois qu'à l'instant. Je pars pour Munich et serai de retour à la Robertsau le 2 octobre. Adressez-y, le premier, tous les rôles. Suis-je vraiment en état de les accepter tous les deux ? Pour vous, mon vieil ami, il y a des choses que je ferai et que j'accepterai de faire ; mais ménagez toujours mon amour-propre. Vous le savez, je suis une bien triste actrice, excepté peut-être dans Madame Bouillabaisse, et encore… Enfin, je ferai ce que je pourrai, et ce que je ne pourrai pas je le ferai encore… pour vous, mon bon Massa.
>
> Je vous serre au galop la main. Nous partons pour la chasse. Notre dernier jour, hélas ! Tous vos couplets sont adorables.
>
> signé : Bussierre de Pourtalès

Plus tard, elle lui fera savoir :

> Mon cher Massa,
> Voulez-vous me mettre un autre couplet à la place de « Plus de boudoirs charmants » ?
> J'ai reçu le rôle de l'Hôtel de Ville modifié un peu et le préfère ainsi. Je pioche pour vous. Mais écrivez-moi deux lignes me disant si cela tient toujours avec le mariage de Mouchy. La comédie est-elle bien décidée encore ?
> Allez aussi aux informations, que je sache à peu près la date de notre série ; il nous faut huit répétitions avant de mettre cela ensemble, de sorte que si c'est pour jouer le 25, il faudrait bien arriver le 16.

C'est habituellement madame de Metternich qui s'entremet et règle les artifices de la mise en scène aussi bien que les intrigues en efficace impresario de sa belle amie et consœur en art dramatique :

> 25 septembre 1867
> Madame de Pourtalès a une excellente idée qui est de faire suivre Prudhomme par sa femme durant son voyage à Paris, parce qu'elle aurait découvert qu'il lui faisait des traits. Ladite femme serait jolie ; pour suivre son mari elle se déguiserait en vieille ridicule.
> Au second acte, enragée de passer pour vieille et laide, madame de Pourtalès reparaîtrait sous sa vraie forme et vous jugez si l'on abreuverait de sottises un tel époux !
> Madame de Pourtalès, ainsi parodiée, comme dans le voyage de Versailles, produirait un effet extraordinaire, et l'on rirait aux larmes seulement à la regarder si différente d'elle-même…
> Nous chassons avec acharnement et nous menons une vraie vie de sauvage, dans les bois du matin au soir, nous levant à l'aube, nous couchant avec les poules.
> Je vous serre les deux mains et vous supplie de beaucoup travailler.
> Pauline de Metternich

De vraies professionnelles ! Mélanie et Pauline se sentaient comédiennes jusqu'au bout des ongles, plongées corps et âmes dans les petits tracas et les grandes émotions d'une vraie vie d'actrice. Elles avaient leurs coquetteries, amplifiées par l'idée que leur public n'était pas l'habituel public anonyme des spectacles ordinaires. C'était un tout autre monde qu'il s'agissait d'affronter à défaut de le conquérir. Ces spectateurs-là, n'avaient aucun rapport avec ceux « de la ville » qui cherchaient dans le théâtre un instant de magie et de rêve.

Ils ne feraient sans doute preuve d'aucune complaisance malgré les obligatoires politesses de façade. Le rapport était ambigu et le jeu dangereusement faussé. Tout cela était évidemment pire qu'à Compiègne où l'on était moins nombreux et davantage sélectionné. Les acteurs avaient en effet en face d'eux leurs partenaires habituels de l'autre scène permanente qu'est la vie de tous les jours à la cour des Tuileries avec ses enjeux mondains.

L'hypocrisie et les fausses complaisances rôdaient là aussi fortement que les admirations sincères et les réelles adhésions. C'est une des raisons essentielles qui poussa les comédiens à prendre très au sérieux leur préparation et leurs répétitions ; en un mot, à chercher à être les meilleurs.

Ils se trompaient ceux qui pensaient que le talent de nos confidentielles Sarah Bernhardt se situait tout entier dans la richesse des costumes et la grâce des minois ; que Mélanie ne devait ses succès qu'à la mise en œuvre de sa célèbre beauté et des réalisations rares et coûteuses de ses couturiers. Les quelques extraits de sa correspondance nous auront démontré que ses contributions dépassaient cette superficialité. On se préoccupait du texte aussi bien que de l'interprétation !

### *La tornade Tannhaüser à l'Opéra de Paris*

Pauline de Metternich entraînait Mélanie sur les chemins d'une aventure intellectuelle cohérente guidée par la quête de novation. Son engagement était orienté de manière claire vers la défense et l'illustration des contemporains. De manière instinctive et naturelle, elle appartenait à cette rare fraternité des audacieux qui savaient dépasser l'admiration du conventionnel pour pressentir des esthétiques nouvelles. Pour les mettre en œuvre, il fallait du talent et de l'intuition, il fallait aussi de la hardiesse. C'est dans le domaine de la musique qu'on livra bataille.

Les Metternich, en effet, fidèles au génie autrichien étaient excellents musiciens. Au piano Richard suscitait l'admiration de tous. C'est à lui que Massa confia le rôle de l'Orchestre dans ses *Commentaires de César*, autant dire que ce virtuose animait la partie musicale à la manière d'une formation tout entière.

Amoureux des classiques, passionnés de Strauss, Liszt ou Schubert, ces princes avaient été parmi les premiers à lire la modernité de Wagner. Celui-ci déroutait les esprits avec ses accords inattendus, sa palette sonore nouvelle ; Baudelaire, en un premier mouvement qu'il regrettera, parlait de « tohubohu des styles et des couleurs », de « cacophonie de tons ». Il s'étonnait de la place donnée au leitmotiv. Wagner, en un mot, « dissonait ». Mais sur les esprits les plus ouverts, il exerçait déjà cette véritable fascination qui, quelques années plus tard, régnera à travers le monde au point que l'on parlera partout de « wagnérite ».

Au cours d'un salon culturel chez les Metternich, Pauline évoqua longuement Wagner et son projet de faire connaître *Tannhaüser* aux Parisiens. En Autriche même où elle était donnée à Vienne, l'œuvre ne fit pas l'unanimité mais Pauline, à contre-courant, en fut une admiratrice inconditionnelle. Elle décida de rencontrer Wagner et, grâce à Liszt qui accepta de jouer les intermédiaires, reçut à Vienne « le musicien de l'avenir ». C'est là qu'elle prit la décision de militer pour ce compositeur de l'insolite. C'est là qu'elle mit en tête de le présenter à Paris. Contrairement à certains avis péremptoires, elle était persuadée que cette musique n'allait pas se limiter aux frontières culturelles de la germanité. Elle serait universelle. Il fallait donner *Tannhaüser* en France !

Pauline entreprit personnellement l'empereur qui ignorait tout des turbulences suscitées par le phénomène Wagner et qui se laissa gagner aux arguments de sa princière interlocutrice. Elle ne lui cacha pas l'incompréhension générale du public traditionnel, évoquant même l'accueil mitigé réservé par Vienne à *Tannhaüser.* Il n'était alors pas faux d'affirmer que le répertoire de l'Opéra demeurait étriqué et désespérément classique. Introduire des œuvres nouvelles ne pouvait que stimuler la programmation.

L'empereur, pour des raisons diplomatiques autant que politiques, était sincèrement convaincu que Paris se devait d'être fertile en innovations et, par conséquent, accueillir les difficultés des grandes premières. Il se laissa convaincre par Pauline. C'était finalement en connaissance de cause qu'il accepta le risque et ordonna, puisque l'Opéra émargeait sur sa liste civile, de faire programmer le *Tannhaüser* de ce Wagner si controversé.

Nous étions en 1861. Il faut reconnaître que l'aventure parisienne qui s'engageait pour « l'artiste proscrit » aux idées révolutionnaires ne restera pas parmi ses meilleurs souvenirs.

La phase préparatoire se déroula sans trop de difficultés. On confectionnait à grands frais les gigantesques décors du Venusberg au terrible romantisme allemand. On sélectionna les interprètes. On entama les répétitions de l'orchestre. On surmonta les inévitables petites crises liées à la collaboration de caractères différents et forcément difficiles à un tel niveau de sensibilité artistique. Tout cela fut néanmoins très satisfaisant.

À l'approche de la première, les signes d'inquiétude se firent jour et se multiplièrent : incidents lors des répétitions, prises de position des gazettes, émoi dans les milieux mondains.

Tout doucement mais très sûrement *Tannhaüser* était en train de susciter une tornade. Une sorte de bataille des pro et des anti-wagnériens commençait à se dessiner. Elle était nourrie autant par la nature de l'œuvre et les aspects purement artistiques de *Tannhaüser* que par le contexte politique lui-même.

Comment pouvait-on laisser passer le fait qu'une Autrichienne dictât la programmation de l'Opéra de Paris ? Voilà quel fut l'angle d'attaque de toute une frange d'opposants qui en profita naturellement pour étendre l'argument. Était-il convenable que cette arrogante étrangère pût imposer à l'opinion française, si sûre de son bon goût, des modes germaniques ?

Si l'on ajoute à cela que bien des mélomanes engagés se résignaient difficilement à ce que Wagner fût donné en France « par le fait du Prince », on aura réuni toutes les conditions permettant à l'opposition politique de bien exploiter l'événement et de dénoncer le pouvoir personnel. Comportements esthétiques et prétextes politiques se mêlèrent très vite pour se confondre et former les germes d'une tempête dans un opéra !

Il n'en demeure pas moins qu'en France, quels que soient les époques ou les enjeux, la bataille de l'ouverture européenne s'avère difficile, elle va de pair avec celle de l'ouverture des esprits. Elle a de tous temps constitué une conquête quotidienne, y compris dans le domaine des arts. Il est toutefois surprenant de noter que, là aussi, les esprits chagrins sont nombreux. Face à l'œuvre nouvelle, l'opacité du regard serait-elle également l'une des choses les plus abondamment répandues ?

Dans le domaine de la création, le scénario du protectionnisme, toujours commode mais étriqué, toujours rassurant mais réducteur, ne fut pas en 1861 une grande première. Il ne fit que s'inscrire dans une solide tradition mais qui, de manière constante, s'est trouvée démentie par la suite.

Le génie de Berlioz n'aurait certes pas été plus puissant parce qu'on lui aurait réservé une sorte d'exclusivité en France. Sa valeur artistique n'a aucun rapport avec le nombre de ses concurrents. Bien au contraire, c'est dans la confrontation que se mesure la force des créateurs, c'est dans l'ouverture que réside le sel du talent. Il écrivit quelques jours avant la première : « L'opinion publique s'indigne de plus en plus de me voir laissé en dehors de l'Opéra, quand la protection de l'ambassadrice d'Autriche y a fait entrer si aisément Wagner ».

Charles Baudelaire, réflexion faite, prit parti pour Wagner. Avec lui, Catulle Mendès et Théophile Gautier se rangèrent dans le camp des modernes. Ils seront présents le 13 mars quand les « dandies du Jokey-club », jeunes gens conservateurs et superficiels organisèrent la « bronca ».

Ce soir-là, l'Opéra se remplissait peu à peu et, au fur et à mesure qu'arrivaient les spectateurs, on sentait s'installer une certaine tension.

Dès avant le lever de rideau quelques sifflets retentirent.

Lorsqu'au bras de l'ambassadeur d'Autriche, Pauline de Metternich fit son entrée, tous les regards convergèrent vers sa loge pour s'y figer. Moment difficile où l'angoisse se fait paralysante. Si Pauline devinait ce qui l'attendait, elle n'avait pas idée de la manière dont les hostilités se développeraient. Et cela renforçait son anxiété. Elle se sentait responsable envers l'empereur, envers Wagner, envers ses amis dont la fidélité à cette occasion fut réconfortante. En stratège de la réunion publique, Pauline, inspirée par son époux Richard, avait dispersé ses partisans aux quatre coins du théâtre plutôt que de les regrouper autour d'elle. Les Pourtalès, Massa, Rothschild, Walewska, Lehon, Sagan, Galliffet, d'autres encore, furent ainsi employés pour faire la claque.

Les adversaires étaient présents en force, ils dominaient en nombre largement. Ils étaient stimulés par les jeunes arrogants du Jokey-club qui passaient leur oisiveté à la recherche de quelque coup à réaliser. Leur mondaine ambition consistait à imposer le « bon goût parisien ». Joueurs et jouisseurs, ils avaient colonisé l'Opéra, plus pour y chercher l'aventure que pour faire valoir leurs modes musicales ou mondaines. Ce qui les intéressait avant tout, c'était d'admirer leurs danseuses mises en valeur dans les habituels ballets de cette grande scène. *Tannhaüser* sur ce plan les contrariait ; par conséquent, leur objectif du moment consista à condamner Wagner et à chercher à l'éreinter.

L'ouverture se déroula sans heurts, elle était peu critiquable. On alla jusqu'à l'applaudir. Il y eut quelques murmures, au moment de l'apparition des décors monumentaux, histoire d'engager les hostilités. Les rires ostensibles et provocateurs, ponctués par quelques sifflets isolés, constituèrent la première série de tirs de barrages. Ils firent place assez rapidement aux huées généralisées.

C'est alors que le trac s'atténua et s'effaça; Pauline se trouva soudain tout entière mobilisée par une colère stimulante. Elle serrait son éventail avec une force qu'elle ne se connaissait pas et le tordit entre ses doigts. Certains le virent se briser sous la rage de l'ambassadrice, qui niera farouchement avoir sacrifié son objet d'art à « ces imbéciles »… « Imbéciles, répétera-t-elle, debout dans sa loge, face à l'intolérance et au déchaînement de l'obscurantisme. Vous voyez la noblesse autrichienne se comporter ainsi à l'Opéra de Vienne, un von Liechtenstein siffler *Fidelio* de sa loge ? Où sont votre liberté et votre tolérance françaises, où est votre sensibilité ? » lancera-t-elle, exaspérée, à l'un de ses contradicteurs. « Non, non, je me suis très bien tenue jusqu'à la fin de l'œuvre, mais j'étais au supplice », dira-t-elle bien plus tard en se souvenant d'un tel fait d'arme dans sa carrière d'ambassadrice.

Pauline raconte toute la scène avec une belle verve dans le chapitre de ses souvenirs d'enfance et de jeunesse consacré à Wagner. La description est éloquente et sincère. Elle ira jusqu'à confesser sa réelle déception face à la géniale ingratitude et la mégalomanie du maître.

Au lendemain de cette première, les critiques furent toutes unanimement mauvaises pour Wagner.

*Le Figaro* écrivit : « C'est le grand océan de la monotonie, c'est un infini désespérant et grisâtre, où l'on entend le morne clapotement des sept notes de la gamme qui tombent jusqu'à la consommation de la partition… »

« Décidément Wagner n'est pas fait pour les Parisiens », confia Pauline à son mari. Décidément le temps qui mûrit les consciences est un étonnant faiseur de chefs-d'œuvre. Ce qui fut jeté hier aux rebuts est aujourd'hui célébré dans le consensus le plus général ! Quelques années seulement après cette amère déconvenue, Wagner ira de succès en triomphes, étendant son empire musical dans l'Europe tout entière. Son génie sera célébré par tous ceux qui se reconnaîtront, comme Baudelaire, dans « ces sonorités de l'âme jusqu'alors non révélées ».

Il faut donc croire que sa musique n'était pas destinée qu'à la sensibilité germanique et contrairement à ce qu'avait exprimé Pauline dans sa juste colère, Paris aussi pouvait aimer Wagner. Il lui fallait le temps.

Mélanie, de manière discrète mais convaincue, se situa du côté de ceux qui eurent la clairvoyance de s'évader des schémas conventionnels pour lire les signes nouveaux. Sur ce plan, éloignés des vanités immédiates et des facilités du succès mondain, ils auront le bonheur de voir bientôt leur lucidité reconnue.

### *Le pouvoir ne voit pas les impressionnistes*

Au-delà de cet épisode qu'il faut mettre au crédit de l'ambassadrice d'Autriche, et de l'affaire du Salon des refusés de 1863, on ne peut pas considérer que l'Empire se soit distingué par une politique d'audace culturelle.

Quelles que soient les époques, la novation est toujours un difficile étonnement et on peut se demander, non sans raisons, si Georges Pompidou ne fut pas le premier président de la République, en France, à s'être effectivement engagé en faveur de la création d'avant-garde. Le pouvoir politique aime à se rassurer dans l'art qui plaît et qui fait l'unanimité, à plus forte raison dans les systèmes démocratiques où aucun candidat n'a le moindre intérêt à s'aliéner des bulletins de vote pour des raisons d'esthétique, de goûts et de couleurs…

Ainsi Napoléon III, mais aussi une franche partie du public des Salons, se reconnurent-ils essentiellement dans l'académisme, art et ligne officiels du Second Empire. Ingres, sortant de l'atelier néo-classique de David, était opposé dès 1824 à Eugène Delacroix qui prenait alors, et peut-être malgré lui, la tête des Romantiques. Ingres forma les trois frères Flandrin dont Hippolyte qui reçut et exécuta des commandes de la Ville de Paris et de l'empereur lui-même.

Jean-Baptiste Carpeaux, sculpteur et peintre, élève de Rude (dont on connaît le *Départ des volontaires* de 1836), bénéficia lui aussi de commandes officielles suscitées par les chantiers importants du règne de Napoléon III. Il mit en place le relief de la façade du pavillon de Flore entièrement reconstruit ; l'architecte Garnier le chargea de représenter *la Danse* qui ornera en 1866 la façade du nouvel Opéra. D'un style très personnel, vibrant et sensuel, l'œuvre provoqua elle aussi des réactions hostiles (très abîmée, elle a été remplacée par une copie du sculpteur Belmondo en 1964). S'il est l'auteur de la *Réception d'Abd el Kader à Saint-Cloud par Napoléon III,* Carpeaux sut aussi réaliser des œuvres plus intimes, bustes et portraits comme celui de la princesse Mathilde qui était dédié à Sainte-Beuve.

Bonnat, Cabanel, Gérôme, Bouguereau, ces pompiers officiels, donnèrent le ton de l'hostilité farouche envers les impressionnistes. Quelle erreur historique ne fut-elle pas commise par le monde officiel et les amateurs d'art, en ignorant et, pire, en injuriant parfois ces nouveaux peintres modernes. Le pouvoir ferait-il donc toujours preuve de myopie devant la création artistique ? Il est vrai que Manet – dont la devise était « Faire vrai, laisser dire » – après les scandaleux *Déjeuner sur l'herbe* et *Olympia,* ne cacha pas des sentiments républicains affirmés. Son tableau l'*Exécution de Maximilien* daté de 1867 (année de la mort d'Ingres), constitua une terrible charge contre la politique de Napoléon III dont il contribua à ternir l'image. En prenant pour sujet l'un des plus accablants et des plus tristes épisodes de la politique étrangère de l'Empire, Manet se démarquait de manière nette du souverain qui avait pourtant ouvert le Salon des refusés.

*L'Alsace, un creuset*

Mélanie, quant à elle, avait des raisons d'être plus particulièrement attentive à l'Alsacien Henner dont les nus de rêves nacrés et chaleureux connurent un succès immédiat dans toute l'Europe. Henner fut reconnu par son temps comme un grand maître et Paris lui consacra un musée, suprême symbole de la notoriété. Au même moment, un de ses compatriotes strasbourgeois, Gustave Doré, commençait sa percée fulgurante de dessinateur, de caricaturiste et de peintre. Il illustra notamment *Pantagruel* de Rabelais en 1854 et *l'Enfer* de Dante en 1861. Son talent en fit un des artistes les plus sollicités qui réalisera en tout plus de dix mille illustrations.

C'est l'éditeur Hetzel, à la carrière mouvementée entre exil et amnistie, qui stimula toute cette communauté de créateurs. Authentique artiste du livre, Hetzel publia, entre autres, Victor Hugo, Balzac, Daudet, George Sand et Erckmann-Chatrian. Il fit travailler des dizaines d'illustrateurs, dont Gustave Brion et le jeune Théophile Schuler, deux autres célébrités alsaciennes.

On se plairait à imaginer Mélanie protectrice des arts, réunissant en son hôtel de la rue Tronchet les artistes alsaciens de Paris avec l'ambassadrice d'Autriche, Mérimée, Flaubert, Sainte-Beuve, Feuillet, Dumas, Baudelaire ou d'autres. On rêve à l'échange fertile qui aurait pu se produire entre Erckmann et Dumas, rencontre des titans de l'imaginaire. Entre Pauline de Metternich et Gustave Doré développant leurs grandes passions prémonitoires… Entre Sainte-Beuve et le jeune Strasbourgeois Édouard Schuré qu'il venait de faire entrer à *la Revue des Deux Mondes* et qui était un fervent wagnérien…

Mélanie recherchait la proximité des artistes qu'elle aimait à protéger. L'un d'entre eux, Théophile Schuler, fréquentait souvent le château des Pourtalès. Mélanie lui acheta en 1859 une toile intitulée *Le premier né* qui représentait des costumes du folklore alsacien de Preuschdorf et qui symbolisait de manière parfaite l'Alsace aux traditions riches et singulières. Cette acquisition n'était pas le fruit du hasard mais venait une nouvelle fois illustrer l'attachement très charnel de Mélanie à sa terre d'Alsace. En 1853, on passa commande à l'artiste d'un portrait équestre de Paul de Bussierre, frère de Mélanie, puis en décembre 1858, Théophile Schuler peignit la belle comtesse.

Le tableau de forme ovale nous présente une Mélanie rêveuse et lointaine, en tenue de chasse très ample. À ses côtés, un superbe épagneul la contemple avec affection. S'il n'est pas bouleversant ni parmi les meilleures de ses œuvres, le portrait de Théophile Schuler est romantique et anecdotique, avec le regard de cet épagneul fidèle, preuve des qualités de peintre animalier de l'artiste.

### *Franz Xaver Winterhalter, portraitiste aimé des cours*

Il fait partie des images réussies de Mélanie, ce qui ne fut pas le cas de tous ses portraits si l'on en croit cette lettre du comte de Valori qui lui écrit, en 1887 :

> En recueillant tous mes vers que l'on imprime en ce moment, je retrouve ces deux vers qui sont votre portrait. Il y a quelques années, je ne sais plus qui exposait au salon un atroce portrait de vous. Je fis le mien comme amende honorable à une profanation. Quelque mauvais qu'il soit, il vaut toujours mieux que l'autre. Voulez-vous me permettre de vous l'offrir et de le placer dans mon livre ? Il n'est pas l'œuvre d'un courtisan, car je sors peu et sans votre voyage à Florence il serait resté à l'atelier.

Et le comte joint, sur une belle feuille de papier à lettres vert, le sonnet suivant :

Devant ces grands tableaux de Rome et de Venise
Qui ne s'est cru parfois hors du monde emporté
À voir un fier portrait que l'art seul divinise
À force d'idéal, de charme et de beauté ?

C'est le front merveilleux et la figure exquise,
Le rêve que l'on fait d'un cœur tout enchanté ;
On a les yeux épris, on a l'âme conquise,
Puis on se dit : grand Dieu, si c'était vérité ?

Près d'elle, malgré soi, tout pâlit dans la toile,
La vision regarde avec des yeux d'étoile,
Et l'on voit à jamais le regard éclatant ;

Car l'esprit ne peut plus alors s'éloigner d'elle,
D'un beau rêve entrevu, c'est l'image fidèle,
Et l'on répète encore « si c'était vrai pourtant ! »

Le sonnet vaut-il mieux que le mauvais portrait ? Une telle source d'inspiration méritait à coup sûr des lignes transcendées. Considérons simplement qu'à l'addition d'hommages incessants et convergents, s'en ajoute un de plus qui, invariablement, plaide en faveur de la séduction de Mélanie.

C'est Winterhalter qui va restituer de la manière la plus sincère et la plus fidèle les traits tant louangés de la comtesse de Pourtalès. Son célèbre portrait qui sera reproduit, couleur sépia, dans la *Revue Alsacienne Illustrée* quelques décennies plus tard, tient une place de choix dans la galerie des célébrités que ce peintre a immortalisées.

Reconnu pour la précision de ses portraits réalistes aussi bien que par l'atmosphère poétique qui s'en dégage, Winterhalter, peintre des cours d'Europe, possédait des références impressionnantes. Ce voisin de Strasbourg, étudiant à Fribourg avant de s'installer à Karlsruhe, fut successivement le peintre officiel des cours de Léopold Ier de Belgique, du roi Louis-Philippe, de la reine Victoria d'Angleterre, de Napoléon III, du duché de Bade, de la cour de Russie et d'Autriche, entre autres altesses.

En contemplant ses visages, on est frappé par le réalisme fidèle de ses personnages qui pourtant nous sont restitués avec une tendresse romantique. Un portraitiste officiel travaille avant tout dans le but de plaire à ses sujets. On s'attendrait de sa part à une ambiance conventionnelle un peu impersonnelle. Chez Winterhalter, au contraire, elle semble habitée par une vie silencieuse dont on pressent les mouvements. Immobile et souverain dans son attitude de séduction, le sujet interpelle secrètement et invite au dialogue, utilisant tantôt le langage de la grâce, tantôt celui de la majesté, toujours celui de l'intemporel.

C'est ainsi que Pauline, la « jolie laide » que tant de reproductions montrent avec un réalisme très physique d'où toute âme semble enfuie, se trouve transfigurée dans le portrait qu'en a fait Winterhalter. Elle est comme aérienne et nimbée de grâce. L'intelligence traverse la toile. On est saisi par une sorte d'autorité du cœur et de finesse de l'esprit.

L'universellement célèbre *Décaméron* qui présente l'impératrice entourée de ses dames d'honneur (et où ne figure pas Mélanie contrairement à tant de références inexactes) déifie à l'antique la cour des femmes. C'est l'Olympe romantique, irréel et pacifique, habité par la beauté institutionnalisée.

Est-ce Nieuwerkerke, surintendant général des Beaux-Arts et compagnon de la princesse Mathilde, qui a engagé le processus ? Il fut, en tout cas, le premier personnage de la cour à s'être fait peindre par Franz Xaver Winterhalter en 1852. Après lui ce fut au tour de l'impératrice en 1854, puis la princesse Murat et Anna Dollfus, baronne de Bourgoing en 1855. Enfin, Napoléon III... L'empereur, sur fond sylvestre, inspire une réelle sympathie et son regard lointain est chargé de suggérer cette bonté si souvent évoquée par certains mémorialistes.

En 1857, c'est au tour de Mélanie, avant la princesse de Metternich en 1860, la duchesse de Morny et madame Rimski-Korsakov en 1864.

Au premier regard, Mélanie apparaît comme une jeune femme sage et douce, équilibrée, pleine de pudeur. Ses traits, sans le moindre défaut, suggèrent une beauté tranquille et raisonnable. Quelque chose d'éternellement adolescent se dégage de ce visage romantique à souhait qui esquisse un sourire jocondien appuyé par un regard droit et franc dans lequel on ne peut que se perdre. La posture est doucement altière.

Une telle femme semble faite pour n'évoluer que dans les jardins fleuris, préservée par le destin de tout obstacle et de tout chagrin. Pourtant, si le ton doucereux des pastels bleu et blanc de la robe n'inspire que béatitude, le fond du décor retient le regard. Il est en contraste. Mélanie tourne le dos, mais l'espace d'un instant seulement, à un univers à la Turner. Préparation d'orage ou aurore d'un nouveau monde, à moins qu'il ne s'agisse d'un ciel qu'un gigantesque embrasement vient de quitter ? L'innocence, la sagesse et la pureté posent leur beauté devant un entracte de ruptures. Au-delà se situe un autre monde ! Winterhalter, lui aussi, aurait-il été habité par la prémonition ? On songe à la phrase terrible de Musset, à l'issue d'une des fêtes aux Tuileries jalonnées de jeux, de comédies de salon et d'actrices impériales : « Je donnerais cher pour ne pas voir le dernier acte. »

Le portrait faisait l'objet d'une culture particulière. Plus qu'un genre, il constituait un champ artistique qui situait ses protagonistes entre deux pôles presque antinomiques : celui de la vanité mondaine et celui des profondeurs de la création secrète.

Quelle belle surprise que celle de la découverte à la National Gallery de Londres d'un portrait de la princesse de Metternich par Degas. On est loin du perfectionnisme réaliste de Winterhalter, mais une émotion vraie se dégage de cette œuvre impressionniste. Degas avait décidé de peindre les femmes les plus élégantes et les plus en vue du Second Empire, celles qui avaient joué un rôle culturel de premier plan. Ce portrait présente deux singularités remarquables. La première, c'est que Degas l'a exécuté très vraisemblablement sans aucun contact avec son sujet puisqu'il a été peint d'après une photographie qui présentait Pauline au bras de son mari. Célébrité oblige, Degas a supprimé Richard... La seconde est touchante : Degas aurait embelli Pauline, en la rendant plus séduisante que sur la photo. Il retoucha quelque peu la proéminence des lèvres et adoucit les traits du visage.

On ne connaît pas l'histoire de cette toile ; on ne sait pas même si Pauline l'a jamais vue. Mais pour qui aime la personnalité de la princesse de Metternich, elle est particulièrement éloquente.

*Les villégiatures en Alsace*

Chaque année, au mois de juin, les Pourtalès s'en retournaient en Alsace. Leur séjour commençait par Schoppenwihr où ils retrouvaient les Metternich. Dans ses Mémoires Élisabeth raconte :

> C'est dès ce moment-là que mon cœur s'est attaché à cet endroit qui devait m'appartenir plus tard. La princesse avec son entrain endiablé faisait de ces journées un amusement perpétuel ; le prince était charmant et spirituel, ses filles nos amies les plus chères. Schoppenwihr était vraiment un délicieux séjour, nous étions ravis quand on nous emmenait dans les voitures attelées à quatre chevaux, soit les postiers avec postillons en culotte jaune et perruque blanche, soit avec les chevaux hongrois, conduits avec des filets et attelés de bricoles ornées de grandes pendeloques en cuir rouge. On se promenait dans nos belles Vosges, jouait au tennis. Le prince de Metternich s'y entraînait avec son valet de chambre, le beau Gustave, qui portait des chemises de soie blanche.

Quels que fussent l'attrait et la qualité des journées qui se déroulaient à Schoppenwihr, le beau domaine près de Colmar, la fidélité de Mélanie à la Robertsau ne fut jamais démentie. Elle s'y rendait très régulièrement, en général à l'automne. C'était le retour aux sources, les joies de la famille et, loin des trépidations parisiennes, l'apaisement de la vie intérieure retrouvée.

La présence appréciée des parents, eux aussi plongés habituellement dans le circuit des obligations mondaines, constituait un moment important de sagesse dans sa vie de dame de la cour impériale.

Elle s'y sentait enfin pleinement mère de famille avec le plaisir profond de pouvoir profiter de ses enfants. Elle en aura cinq : Jacques, né le 8 mai 1858 ; Paul, le 12 septembre 1859 ; Hubert, le 5 janvier 1863 ; Élisabeth, le 10 février 1867 et enfin Agnès, le 3 juin 1870.

Plus tard, Jacques sera propriétaire de la Verrerie à Mattstahl, Élisabeth de Schoppenwihr près de Colmar, et Agnès aura la Robertsau. Paul et Hubert quant à eux, ne s'installeront pas en Alsace.

Pour les Pourtalès, la joie de retrouver la Robertsau était stimulée par le plaisir d'y renouer avec la chasse. Edmond vouait un véritable culte à ses terroirs giboyeux des bords du Rhin ; il tenait à s'en occuper personnellement pour entretenir ainsi cette belle possibilité de réunir ses convives.

La Robertsau constituait tout naturellement un relais vers l'Allemagne, l'Autriche et les pays de l'Europe centrale où les Pourtalès se déplaçaient assez souvent. Ils aimaient à rejoindre leurs amis Metternich au Johannisberg surplombant le Rhin, ou en Bohème dans leur château de Koenigswart situé au milieu de l'une des plus belles chasses d'Europe. Ils se rendaient également à Berlin chez le prince de Reuss, un autre de leurs proches amis.

À la Robertsau il était important que la famille se retrouvât pour tenir conseil lors des grands moments de la vie publique alsacienne. Le chef de famille, Alfred Renouard de Bussierre, toujours député et donc toujours candidat aux élections importantes, préparait ses campagnes en Alsace.

Très tôt déjà, en 1852, dès le 16 décembre, Renouard de Bussierre créa de manière spectaculaire un comité napoléonien pour soutenir, avec des personnalités représentatives de la région, l'action de Louis-Napoléon.

Bien plus tard, en 1865, cet éminent protestant réussit, grâce à ses prises de positions ouvertes et intelligentes, à s'allier les voix des catholiques que monseigneur Raess, évêque charismatique de Strasbourg, s'était chargé de lui obtenir. Un évêque catholique qui, en ces temps délicats, persuadait ses ouailles d'accorder leurs suffrages à un représentant officiel de la confession d'Augsbourg, voilà qui fut singulier !

Mgr Raess était lucide mais aussi et avant tout légitimiste, donc fidèle à l'Empire. Il apporta par conséquent son soutien en coulisse, mais de la meilleure manière possible, au candidat officiel, fût-il protestant. Chef incontesté du catholicisme en Alsace, il n'hésita pas à sanctionner deux de ses vicaires qui faisaient publiquement campagne pour le candidat d'opposition… catholique ! Bussierre, quant à lui, représentant de la bourgeoisie mais figure reconnue du protestantisme, n'était pas forcément majoritaire dans sa propre confession où l'on était plutôt républicain.

Par ailleurs, personne n'eut la naïveté de croire que cette alliance entre Raess et Bussierre dût être gratuite ; les intérêts réciproques bien compris des deux hommes et des deux confessions devaient trouver leur compte dans cet équilibre. En 1869, par exemple, Bussierre signa un engagement à soutenir le pouvoir temporel du pape.

Au plan purement politique, Alfred de Bussierre fit preuve d'une clairvoyance constante et d'un sens du compromis qui lui permit de maintenir ses positions en Alsace. Son action s'inscrivit ainsi dans la durée, alors même que les élections pour les partisans de la droite et du centre droit, ceux qui soutenaient le pouvoir central, devenaient de plus en plus difficiles.

Cet aspect de la vie publique de Renouard de Bussierre n'était évidemment pas négligeable dans les préoccupations de la famille et mobilisait une belle part de sa disponibilité sur place, à la Robertsau. Les élections étaient alors de moins en moins cette formalité à laquelle il suffisait d'une estampille officielle. Il fallait déjà beaucoup s'engager et se dépenser pour l'emporter.

En 1852, Bussierre, seul candidat, sans aucun opposant, fut confortablement élu. En 1857, il eut droit à un concurrent et se vit opposer le baron de Schauenbourg contre lequel il l'emporta très largement par 21 662 voix contre 4 539. En 1863, il était encore réélu, cette fois contre Odilon Barrot, candidat libéral et protestant, mais ce dernier gagna des voix à Strasbourg et réussit à rassembler 4 000 suffrages contre 5 500. En 1866, Bussierre, mis en cause par *le Courrier du Bas-Rhin* qui l'avait constamment soutenu jusque-là et qui l'accusait maintenant de ne pas tenir ses promesses, décida de démissionner pour rendre ses électeurs juges de son honneur. Démissionner de son mandat dans le but de se faire réélire constitue toujours une manœuvre audacieuse, jamais exempte de danger et fort aléatoire. Elle fut couronnée, au cours de l'histoire, par des fortunes diverses. Bussierre gagna son pari mais s'en sortit avec un terrible constat : Strasbourg l'avait lâché pour ne lui accorder que 2 978 voix contre 6 948 à son adversaire libéral qui, à la campagne, en revanche, était écrasé avec 3 446 voix contre 16 146. Ce cas se reproduira en 1869 où Bussierre gagna largement à la campagne, alors qu'à Strasbourg il fut distancé par Charles Boersch. Décidément plus rien n'était facile ! Les choses n'étaient plus de tout repos et les responsabilités publiques exigeaient un engagement de plus en plus important.

En tout état de cause, Bussierre demeura l'homme fort du Second Empire en Alsace. Ses nombreuses responsabilités économiques, sa position à Paris à la Monnaie, l'avaient fortement impliqué dans tous les dossiers importants de la région. En cette ère de prospérité et d'expansion, il eut à connaître de tous les projets de structuration économique et industrielle.

*Prospérité strasbourgeoise*

C'était le temps où, à Strasbourg, les boutiques fleurissaient à chaque coin de rue. C'était aussi le temps des belles enseignes familiales : Weiss, Bedicam, Feyel, Berger-Levrault, Simon, Fischbach. Les industries elles aussi prospéraient et à leur tête les brasseurs, les minotiers, les tanneurs et, plus timidement, les « mécaniciens » comme la zinguerie Hoff et C^ie^ à la Robertsau.

Gustave Henry Herrenschmidt, en grand capitaine d'industrie, transforma l'ancienne tannerie artisanale et familiale en industrie de dimension nationale. Cela lui valut en 1855 une Légion d'honneur accrochée en pleine exposition universelle à Paris, en présence de Bussierre qui fut lui-même à l'honneur, à cette occasion, pour le redressement spectaculaire de l'usine de Graffenstaden dont il avait été le principal artisan. Plus de six cents locomotives auront été construites par ces ateliers qui rivalisèrent ainsi avec la production anglaise. La formidable expansion qui caractérisait la France de cette période eut donc de belles répercussions à Strasbourg et en Alsace. Renouard de Bussierre et son gendre Edmond de Pourtalès y prirent part de manière quasi institutionnelle.

À Strasbourg, le maire Coulaux, polytechnicien et industriel, décida d'engager sa ville dans le grand courant de modernité qui transportait le pays tout entier. Ses projets de rénovation et d'urbanisme étaient aussi audacieux qu'ambitieux. Pour les amorcer, des crédits bien supérieurs aux disponibilités traditionnelles de la ville étaient nécessaires. Il convenait sans autre solution possible de s'orienter vers un grand emprunt qui était, certes, dans l'air de ces temps féconds en ingéniosité financière, mais qui effrayait les gestionnaires traditionnels. Coulaux avait face à lui un conseil municipal frileux, aux vues étroites, qu'il était nécessaire de circonvenir et de convaincre. La chose ne fut pas facile mais la ténacité du maire lui permit finalement de réaliser les conditions nécessaires au démarrage des travaux.

On entreprit alors de construire les quais du Finkwiller et de Saint-Nicolas, l'École de Santé militaire qui est l'actuelle poste de la cathédrale, la faculté de médecine enfin, qui abrite aujourd'hui les archives municipales. C'est encore Coulaux qui réalisa la décoration et la mise en valeur des salons de réception de l'hôtel de ville de la rue Brûlée.

Soucieux de ne pas négliger les faubourgs et de répondre en même temps aux aspirations des clergés (et… du salut des âmes), il fit entreprendre en 1863 la construction des deux églises de la Robertsau et de Saint-Pierre-le-Vieux.

Strasbourg jouait ainsi sa partition, de fort belle manière, dans l'élan du Second Empire. C'est, tout compte fait, un programme important de travaux essentiels qui fut ainsi réalisé, dicté tant par les nécessités économiques et sociales que par une légitime volonté de consolider le patrimoine urbanistique. L'époque sur ce plan fut particulièrement faste.

Faste, elle l'était aussi intellectuellement. À la faculté des sciences de Strasbourg, Pasteur s'adonnait à la recherche et réalisa une partie de ses découvertes dans le domaine de la chimie et de la cristallographie.

Dans le domaine juridique, les professeurs Aubry et Rau, enseignants à Strasbourg, rédigèrent et publièrent des cours de droit civil considérés pendant de longues années comme des références obligées dans les tribunaux et les facultés.

En ces années-là, ceux que l'on n'avait pas encore recensés sous l'appellation quelque peu médiatique « d'Alsaciens célèbres de Paris » étaient déjà nombreux et leur influence comptait ! Pour tenter d'accroître leur notoriété ils n'avaient pas hésité à monter à Paris, point où convergeaient tous les succès. Mais, si dorénavant leur activité artistique se développait dans la capitale, ils n'en étaient pas moins saisis régulièrement par l'irrésistible besoin de retrouver le ciel d'Alsace. Cette diaspora artistique ne pouvait rester trop longtemps éloignée de la terre de ses racines. Tout comme les Pourtalès, ils revenaient régulièrement séjourner en Alsace pour s'y ressourcer. À la première occasion, le cap était mis sur la flèche de la cathédrale de Strasbourg ; beaucoup se retrouvaient ensuite à la Robertsau.

L'un des plus illustres parmi ces Alsaciens célèbres fut Waldteufel, pianiste virtuose qui avait acquis une célébrité internationale. Son père avait été un violoniste connu dans les guinguettes strasbourgeoises où il faisait valser les amoureux. Le jeune Émile réussit un exploit qui fit la « une » des gazettes, en suscitant la fierté légitime des Alsaciens, lorsqu'à Berlin il fut amené à rivaliser avec Johann Strauss à l'occasion d'une compétition musicale. Il composa lui-même un grand nombre de valses célèbres. *Manolo* qu'il venait d'écrire en 1860 en l'honneur du prince de Galles et que l'on fredonnait un peu partout, lui avait apporté une vraie notoriété. L'impératrice chercha à faire sa connaissance et c'est Charles Gounod avec la complicité de Prosper Mérimée qui le lui présenta. Elle fut totalement conquise par la virtuosité de celui qui répondait de manière aussi parfaite à son souhait de gaieté musicale. Émile Waldteufel fut donc à la fois pianiste officiel et chef d'orchestre de la cour qu'il suivra dans tous ses déplacements. Il animera plus particulièrement les grandes réceptions et les soirées de la Villa Eugénie à Biarritz. Il immortalisera ces séjours en composant en 1862 *Souvenir de Biarritz* dédié à la belle duchesse de Rimski-Korsakov.

C'est ainsi que Waldteufel l'Alsacien joua un rôle éminent à la cour tout comme son compatriote Massenet faisait résonner le piano des Tuileries pour le plaisir de l'impératrice. L'Alsace était loin d'être absente de la vie culturelle nationale.

Les peintres, illustrateurs et dessinateurs, comme Touchemolin, Schuler, Brion, Haffner, se retrouvaient régulièrement chez leurs lithographes strasbourgeois Simon ou Sandmann, particulièrement réputés à cette époque. On y discutait longuement et passionnément des œuvres à mettre en image et des commandes qui étaient proposées. Le travail était sans doute l'essentiel de ces rencontres strasbourgeoises mais aussi un prétexte. Quelle joie de retrouver l'air de la capitale rhénane… et de la Robertsau, comme ce fut le cas pour Massenet qui connaissait bien le château des Pourtalès où il s'était rendu dans ses jeunes années !

Dans ses relations avec le pouvoir, la communauté artistique alsacienne avait toutefois les mêmes problèmes que les intellectuels à toutes les époques. Celle de Napoléon III, démarrant par un coup de force et s'aliénant de manière définitive Victor Hugo, ne pouvait évidemment prétendre à un traitement équitable. Le mythe envahissant du tyran subalterne dominera longtemps les analyses et occultera toute possibilité de réflexion objective sur l'action et le bilan de l'empereur.

Il faut bien reconnaître que traduire en justice Baudelaire – condamné pour ses *Fleurs du mal* –, Flaubert – acquitté pour *Madame Bovary* –, à l'époque des cocottes, des grisettes et des grandes courtisanes, et tout cela au nom de la morale bourgeoise, était déplorable. Comment s'étonner alors que bien des intellectuels aient estimé au fond d'eux-mêmes qu'un tel régime ne méritait que mépris et condamnation. Les Alsaciens n'y échappèrent pas. Erckmann et Chatrian, militants de toutes les causes sociales, refusèrent tout compromis avec le régime, même lorsque l'empereur en personne s'attacha à les séduire.

En Alsace, les Bussierre-Pourtalès représentaient le pouvoir de manière on ne peut plus officielle et cela suffisait pour que le clivage s'installât et interdît à certains de se rendre à leurs invitations. Pour ces raisons aussi les rencontres littéraires et artistiques autour de Mélanie resteront une utopie. Non seulement parce qu'elle-même n'y songea pas comme à une priorité naturelle, mais surtout parce que les opinions étaient alors si nettement tranchées que les partenaires possibles n'eurent pas l'idée de se retrouver autour de leur table, fût-ce pour parler d'art ou de littérature. Les choix de société, les options politiques, les modes, sans doute aussi, provoquaient des oppositions et des divisions affirmées.

### *La Robertsau, un Compiègne en Alsace*

Au château de la Robertsau, les rythmes étaient bien différents de ceux de la vie parisienne. La distance et le dépaysement favorisaient l'oubli des préoccupations parisiennes et donnaient tout naturellement la priorité à la détente. Les journées se déroulaient autour de quelques passions ; l'amitié l'emportait le plus souvent. On allait à la chasse, on préparait des pièces de théâtre, on discutait des grandes préoccupations de l'époque, on jouait aux charades en profitant du talent des invités célèbres.

C'est ainsi que le 7 janvier 1866 on interpréta une charade en l'honneur du prince de Metternich que l'on fêtait ce jour là. Le mot en était: « Robertsau ».

Voici ce que nous indique la fiche de préparation au bel entête: La Robertsau près Strasbourg (Bas-Rhin)

> 1 Un tableau de Léopold Robert pour la comtesse Mélanie Pourtalès et le prince d'Hénin
> 2 Un valet de pied : Saut pour la princesse de Metternich, la comtesse Pourtalès et la princesse de Sagan
> 3 Robertsau: scène entre la princesse de Metternich (la respectable) et Paul de Bussierre (le respectable)
>
> *(Couplet chanté par la princesse de Metternich sur l'air: « T'en souviens-tu, etc. »):*
>
> J'allais courir me jeter à la porte
> Pour, dans mes bras, serrer de bons amis
> Mais à quoi bon ? Une joyeuse cohorte
> Attend ici la fin de ce récit

*(Parlé)*: Encore un mot:
Un mot encore à vous chers respectables
Pour vous prier de tout nous pardonner:
Si nous n'avons été très aimables,
C'est que c'est vous qui nous avez gâtés !

*Couplet chanté par la comtesse Pourtalès:*

À vous Richard ce bouquet lamentable
De la saison triste et derniers soupirs
C'est dans nos cœurs, dans ceux des respectables
Qu'il faut cueillir la fleur du souvenir !
Si malgré tout, vous aimez qui vous aime,
La Robertsau vous verra revenir:
Ne craignez rien, nous resterons les mêmes,
Pour l'amitié il n'est point d'avenir !

Voilà une aimable fantaisie sans autre prétention que la célébration de l'amitié. Pour saisir l'atmosphère de ces jeux scéniques, il faut imaginer ces personnages costumés et déguisés jouant dans le grand salon ou dans le parc ensoleillé. Sur ce plan on ne peut manquer de constater que les séjours de la Robertsau constituaient en quelque sorte des petits Compiègne, sans les contraintes de l'étiquette.

Pour compléter les distractions de l'esprit, il fallait songer aussi à l'exercice physique. On s'adonnait alors à de grandes promenades avec des voitures aux beaux attelages. On se rendait à Schoppenwihr, on allait dans les endroits pittoresques des Vosges, on visitait l'Alsace en ses recoins les plus charmants.

Comme à Compiègne il y avait aussi la chasse, passion reine. Oh, certes, il ne s'agissait pas de chasse à courre et de grand apparat, mais cette chasse-là, dans la forêt du Rhin, était réputée bien au-delà de l'Alsace. Pour les Pourtalès elle constituait toujours un prétexte idéal à de fructueuses rencontres.

Des personnalités de premier plan de la cour des Tuileries et des grandes capitales européennes comme Vienne, Berlin ou Dresde, se retrouvaient là fréquemment. Les représentants de l'aristocratie locale et des notables de la région venaient se joindre à eux dans un climat de parfaite convivialité puisque ces rencontres robertsauviennes étaient toujours placées sous le signe de la sincérité des sentiments.

Mélanie, Edmond et les parents de Bussierre exerçaient de merveilleuse manière l'art de recevoir et célébraient l'amitié par-delà les vicissitudes de la politique et de l'histoire. Ils firent aimer ce coin de la Robertsau à bien des éminences européennes.

Les Metternich, qui se rendaient tous les ans à Johannisberg dans leur propriété de Rhénanie dominant les vignes et le fleuve, étaient des hôtes réguliers de la Robertsau. Il n'était pas rare d'y voir aussi le prince de Reuss, la duchesse de Bade, le prince Napoléon, Massa, Turenne, Fitz-James, Galliffet et la plupart des amis de la cour. Beaucoup d'amis de passage qui se rendaient à Baden-Baden par exemple, en profitaient pour faire étape à la Robertsau.

« Le duc d'Edimbourg, frère du prince de Galles, venait tous les ans passer quelques jours... Maman donnait de magnifiques dîners et la chorale du village venait chanter pendant les repas, ce que nous aimions beaucoup car elle chantait si bien ! », se souvient Élisabeth.

La Robertsau devint ainsi un haut lieu de la convivialité européenne où parfois, lors de grandes rencontres, se dessinaient quelques parcelles du destin du siècle. On y évoquait logiquement les préoccupations internationales du moment. L'ambassadeur d'Autriche, son épouse, leurs amis d'Alsace et tous les invités du château pressentaient vers la fin des années 1860 la montée des nationalismes et leurs dangers. Ils comprenaient mieux qu'ailleurs les tensions en Europe et redoutaient les intentions non dissimulées de la Prusse. Ils analysaient tous ces événements avec un regard bien plus pertinent que celui qu'autorisaient à Paris les thèses et les environnements officiels.

À n'en pas douter la Robertsau jouait alors un rôle dans ce débat d'idées qui aurait dû consolider la préservation de la paix.

La proximité de la frontière et la situation précise de cet avant-poste strasbourgeois inspiraient les réflexions en éclairant de la manière la plus éloquente les évolutions de l'Europe en ébullition. Tous les convives, d'origine française, autrichienne ou prussienne, étaient bien évidemment animés par un profond désir de paix et c'était tout naturellement que les débats robertsauviens constituaient sur ce plan des actes militants.

Si toutefois on parlait politique lors des grandes chasses, on n'oubliait pas pour autant les préoccupations professionnelles. Il n'y avait alors aucun scrupule, dans les milieux du pouvoir, à traiter des affaires industrielles ou financières tout en maintenant des positions électives ou gouvernementales de premier plan. En un domaine si sensible tout était une question de conscience. Agir dans le domaine des affaires de manière claire en respectant une certaine déontologie et un code de bonne conduite ne pouvait en aucun cas être considéré comme choquant. Un banquier a toujours eu pour vocation de pratiquer le commerce de l'argent. À lui de calculer ses risques. Un industriel a toujours eu pour mission de développer ses entreprises tout en participant au progrès de la nation. C'est l'esprit d'initiative qui est le moteur de ces activités, c'est le risque qui en est la règle. Leur sanction, elle aussi, a toujours été très logique. Soit la constitution de puissantes fortunes qui n'étaient jamais provoquées ni maintenues par le seul hasard; soit des faillites dramatiques que l'imprévoyance ou la voracité pouvait rendre inéluctables. Quoi qu'il en soit, des relents d'affairisme douteux flottaient dans certains cercles proches du pouvoir. Certes, il n'y avait là rien de nouveau et toutes les époques ont connu de tels excès; toutefois l'élan économique du Second Empire était de nature à les favoriser et à les provoquer de manière plus significative.

Les Bussierre-Pourtalès sont restés à l'écart de tout milieu douteux. Dans leur cercle d'amis on privilégiait la noblesse de l'amitié et on fuyait les relations interlopes. Celles-ci devaient pourtant s'exprimer fortement puisqu'elles ont marqué de leur tonalité une bonne partie de la peinture de l'époque quitte, même, à en absorber toute nuance positive.

Marsy, dans *Son Excellence Eugène Rougon* de Zola, était peu délicat :

> [...] Pas une affaire véreuse ne traînait sur la place de Paris sans qu'on trouvât dedans la main de Marsy. Dans une entreprise de mine, Marsy avait touché un pot-de-vin de quinze cent mille francs ; il venait d'offrir, le mois dernier, un hôtel à la petite Florence, des Bouffes, une bagatelle de six cent mille francs, sa part d'un trafic sur les actions d'un chemin de fer du Maroc ; il n'y avait pas huit jours enfin, la grande affaire des canaux égyptiens, lancée par des créatures à lui, s'était écroulée dans un immense scandale.

C'est à peine si Zola caricature ; il ne manquait pas de modèles dans la réalité et aux plus hauts niveaux de l'État. Pour ces raisons mais aussi par politique et par idéologie, les partis d'opposition dénonçaient leurs adversaires en faisant flèche de tout bois. Ils stigmatisaient par principe la collusion des milieux aristocratiques, de la politique et des affaires. Ils s'élevaient contre le pouvoir impérial qui pourtant s'était considérablement libéralisé après la période de l'Empire autoritaire.

À la Robertsau même – était-ce un hasard ? – les démocrates-socialistes organisaient assez régulièrement des réunions engagées, dans la ligne de ce premier fameux banquet du 29 avril 1849 contre la politique de Louis-Napoléon avant son coup d'État. Les harangues et les démonstrations symboliques y étaient fortes et éloquentes contre les partisans du pouvoir absolu.

Cela faisait partie du jeu dans un système qui s'essayait aux vertus des élections, bien loin des qualités de la véritable démocratie mais qui atteignait, au temps de l'Empire libéral, après les décennies troublées de 1789 à 1852, une sorte de vitesse de croisière institutionnelle.

C'est ainsi que l'Empire aura suscité quelques années de stabilité politique et une forte expansion industrielle qui profitèrent pleinement à l'Alsace.

Pour peu de temps ! Deux décennies au total. Deux petites décennies de répit avant que ne surgisse le plus terrible des drames. Pendant ce temps, l'agitation politique et sociale se mettait en place de manière sourde et latente à mesure que la solidité des positions de l'Empire français s'effritait à l'extérieur.

CHAPITRE III

# Le crépuscule des aigles

Les affaires de l'Europe allaient en s'emballant. En 1866, Sadowa imprima un tournant décisif à l'évolution des relations entre les capitales. La Prusse infligea une lourde défaite aux armées autrichiennes et démontra de manière spectaculaire une inquiétante supériorité militaire.

Vienne fut aux abois puis au désespoir. Le ministre des Affaires étrangères Beust, demanda à son ambassadeur à Paris, Richard de Metternich, de le rejoindre pour étudier en très étroite collaboration avec lui les mesures à mettre en œuvre face à la tragédie autrichienne. Il souhaita tout naturellement sensibiliser Paris et sa diplomatie dans le but d'envisager un plan de rapprochement des deux Empires. Ne fallait-il pas tenter de juguler les projets hégémoniques de la Prusse qui s'étaient exercés de manière si néfaste à l'égard de l'Autriche ? Paris, tout en comprenant le message de Vienne, ne se montra guère pressé de donner suite. De manière incompréhensible la diplomatie française ne bougea pas.

L'Autriche vécut alors des heures terribles. Partout régnait l'angoisse, personne n'était plus sûr du lendemain, les pires inquiétudes inspiraient toutes les conjectures.

Pauline, sur les injonctions de son époux, vint se réfugier à la Robertsau pour y être en sécurité. Le prince Richard était obligé de se déplacer à travers l'Europe mais il privilégiait les contrées rhénanes et la proximité de la Robertsau.

On n'a aucune peine à imaginer l'état d'esprit des deux familles amies, repliées sur leurs inquiétudes dans le château des bords du Rhin. Pour elles, les enseignements à tirer de ces événements étaient d'une grande limpidité et ne souffraient aucune équivoque.

Pauline la passionnée voua une haine tenace à ceux qui venaient d'humilier son pays. Sa méfiance et son aversion furent sans limites et procédaient de l'analyse vécue des réalités prussiennes, mais aussi de la prévision des stratégies que l'on pouvait en déduire.

La princesse autrichienne s'en ouvrait de manière très directe à ses amis de la Robertsau chez qui tous les sujets de conversation tournaient autour des menaces de guerre en Europe. Fallait-il donc être sourd, aveugle ou Parisien pour ne pas comprendre que les agissements prussiens étaient tout entièrement fondés sur une volonté hégémonique diabolique et déterminée ? Edmond, lui aussi, était bien renseigné sur la Prusse puisqu'une branche de la famille de Pourtalès s'y était installée et que l'on échangeait les nouvelles. Il comprit parfaitement ce qui se tramait dans l'entourage de Bismarck ; son ami berlinois, le prince Henri VIII de Reuss, l'informait de manière précise.

Nul doute par conséquent sur l'excellente connaissance des affaires de l'Allemagne et de l'Europe centrale que pouvaient avoir les hôtes de la Robertsau en relation permanente avec leur efficace réseau d'amitiés.

Le chef de la diplomatie viennoise, le comte de Beust, en concertation suivie avec son ambassadeur à Paris, développa l'activité que l'on devine dans cette situation dramatique pour l'Autriche. Après avoir alerté Paris, il essaya en une stratégie bien logique de se rapprocher des États de l'Allemagne du sud. Leur indépendance était en cause, il convenait de jouer sur ce registre.

Femmes de la Croix-Rouge portant secours aux blessés de la guerre de 1870,
d'après un dessin de Félix Régamey

La Robertsau fut bien précieuse ; sa situation géographique proche du duché de Bade facilitait les rencontres discrètes. Edmond de Pourtalès relate, dans *Saisons d'Alsace*, un voyage secret qu'y a effectué Beust dans le but de remettre une missive diplomatique de première importance à Richard. Il s'agissait d'une lettre autographe de François-Joseph à Napoléon III, évoquant les caractéristiques et les perspectives de leur alliance. Hélas, sans grande suite du côté français.

Dans ses *Mémoires,* Beust évoque l'un de ses passages à Baden-Baden d'où il s'était rapidement éclipsé. « Les journaux, raconte-t-il, me signaleront à Paris, à Saint-Cloud et ailleurs encore, alors qu'en réalité je suis allé à la Robertsau rendre visite à mes amis Pourtalès… »

Bismarck préparait son empereur et son opinion publique à une radicale guerre de conquête masquée par des prétextes de défense et de protection. En sinistre illustrateur du dicton populaire « la meilleure défense est toujours l'attaque », il inventait et projetait partout des envahisseurs potentiels. La France allait en constituer un, idéalement trouvé.

Le Second Empire pendant ce temps vivait toujours dans l'idée de son invincibilité symbolisée par le rayonnement de l'exposition universelle qui avait fait de Paris la capitale du monde. C'était donc toujours la fête, à la manière des queues de comètes, étincelantes avant le noir sidéral.

Napoléon III fatiguait. Son entourage immédiat le constatait tout en fatiguant avec lui. Comment imaginer la diplomatie française égarée au point de ne pas s'apercevoir des réalités ? On ne peut songer davantage à un empereur aveugle. Et pourtant… S'il avait enregistré quelques sujets d'inquiétude, il ne voulut pas pour autant s'en encombrer l'esprit. La meilleure manière d'y arriver consistait alors à feindre de n'y pas croire soi-même, à se persuader que le pire est impossible, à éconduire les porteurs de mauvaises nouvelles. Point d'oiseau de malheur pour celui qui ne désire ni voir ni entendre. La fatalité qui n'est jamais innocente dans ces cas-là jouait elle aussi son rôle inéluctable. Tout se traduisait donc par une sorte de laxisme généralisé fondé sur l'insouciance. Sur le plan militaire, la confiance béate conduisant à une impréparation totale dominait les ordres du jour.

« Typiquement français », devait se réjouir Bismarck qui resserrait son filet.

*Les prédictions de Mélanie*

Le général Ducrot, ancien de l'armée d'Afrique en Algérie et héros des campagnes d'Italie, était, depuis 1868, gouverneur militaire de Strasbourg. De toutes parts lui parvenaient des renseignements qui contribuaient à aiguiser son inquiétude. En stratège exercé il sentait, il savait ce qui était en train de se préparer. Son poste à la tête de la région militaire du Rhin le rendait infiniment plus sensible et plus vigilant au danger.

À Strasbourg, Mélanie était tout naturellement amenée à rencontrer Ducrot. Tous deux partageaient dorénavant la prémonitoire angoisse de la catastrophe, ils en parlaient souvent en cette fin des années soixante.

« Il faut que vous usiez de votre position éminente à la cour pour avertir l'empereur, disait Ducrot à la comtesse alsacienne. Vous devez le persuader de la justesse de vos analyses. Il doit réagir… »

Un événement précis détermina Mélanie à s'engager. Lors d'une de ses fréquentes visites à Berlin, le comte Schleinitz, ministre d'État de Prusse, donna un dîner en l'honneur de la belle Française. Dans sa deuxième série des *Souvenirs intimes de la cour des Tuileries,* madame de Carette raconta cette scène quelque vingt ans plus tard, en 1890 :

> Monsieur de Schleinitz, fort empressé auprès de la belle comtesse, lui reprochait ses préférences pour Paris, et lui exprimait son regret de ne pas la voir choisir Berlin comme résidence.

> – Je suis Alsacienne, lui répondit la comtesse, c'est vous dire combien j'aime la France !
> – Eh bien ! puisque vous ne voulez pas dès maintenant nous revenir, lui répliqua le comte de Schleinitz, il faudra donc que nous allions reprendre la belle Alsace. Avant dix-huit mois, elle sera province prussienne et alors nous vous aurons avec elle.
> Durant tout le voyage qu'elle fit alors, madame de Pourtalès fut frappée par l'animosité qui se montrait à découvert contre la France. À son retour, elle rencontra l'empereur à Compiègne, et, avec beaucoup d'émotion, lui fit part des observations qu'elle avait faites et des impressions qu'elle avait recueillies. « À travers quels gros nuages ces beaux yeux bleus ont-ils donc vu l'avenir ? Pour faire la guerre il faut être deux, et nous ne la désirons pas », répondit Napoléon III.

Loliée quant à lui rapporte la conversation avec une nuance qui a son importance : « Croyez-moi, aurait répondu l'empereur, nous n'avons rien à craindre de la Prusse, elle n'osera pas nous attaquer. »

Évacué le problème, évacuées les inquiétudes de la belle Mélanie ! Quelle que soit la vérité, excès de confiance ou trop bel optimisme, l'empereur n'écoutera pas ceux qui étaient décidés à déranger sa quiétude politique. Ils étaient d'ailleurs fort peu nombreux en cette année 1868.

Il est vrai qu'à la même époque un des dignitaires du régime, le marquis de La Valette, avait commis une circulaire fameuse qui était autrement plus conforme à la somnolence officielle : « La France ne peut que se réjouir de l'agrandissement de la Prusse, qu'elle a appelé de tous ses vœux et favorisé de son concours. »

Mélanie n'était pas dans la tonalité officielle. Henri Bouchot, dans *les Élégances du Second Empire,* raconte :

> On la tient pour exaltée et visionnaire ; à la cour, les Cassandre n'ont point le beau rôle, elle le jouait sans sourciller.

Alsacienne, elle avait entendu des paroles singulières, elle les répétait volontiers, en y ajoutant le mot de Mirabeau si bien de circonstance : « L'industrie de la Prusse, c'est la guerre. »

De retour à Strasbourg, Mélanie se précipita chez le général Ducrot et lui fit part de l'incrédulité parisienne. Elle était dorénavant certaine que la guerre était inévitable. Schleinitz en avait trop dit lors de ce fameux dîner. Peut-être, d'ailleurs, l'homme fut-il emporté par sa volonté de séduire une si belle invitée au point d'entamer sa prudence de diplomate. Il y avait presque de l'arrogance dans sa démonstration virile et il ne se réfrénait guère dans l'énumération des convictions et des supériorités prussiennes : manœuvres et exercices de l'armée comme à la veille d'une mobilisation générale, activité outrancière des industries de l'acier comme pour répondre à des commandes militaires, mise en condition psychologique de l'opinion populaire qui se mit à détester l'étranger et la France en particulier.

Oui, la conviction de Mélanie était fondée ; elle était partagée par Ducrot. Tous deux savaient qu'il existait alors un divorce entre le discours public de la Prusse, rassurant, voire lénifiant, à l'égard de la France, et la réalité des actes qui n'était rien d'autre qu'une méthodique préparation à la guerre. Trop d'indices et trop de témoignages convergeaient à Strasbourg pour s'y tromper de la moindre manière.

Paris semblait alors ne rien comprendre aux affaires de l'Europe tant sa propre vision et ses propres certitudes étaient autoproclamées inaltérables et infaillibles. Ce type de vérité parisienne dogmatique et qui n'est en réalité qu'un authentique leurre, s'est malheureusement répété tragiquement au cours de l'histoire. L'Alsace en fit les frais.

Juger et décider à Paris des affaires de nos régions, ou des réalités européennes, est-il donc toujours voué à d'inéluctables errements ? La même fatalité un peu risible condamnera-t-elle toujours le discours et l'attitude du représentant (ou de l'élu) provincial, pour peu qu'il n'épouse pas la complaisance ambiante ?

On est fondé à s'interroger dans le sillage de Mélanie de Pourtalès et du général Ducrot : un Alsacien peut-il se faire entendre à Paris autrement qu'en adoptant les thèses parisiennes et en tenant des propos parisiens ? Se faire une position nationale dans la capitale impliquerait donc inévitablement le renoncement à l'Alsace…

Tant que la belle Mélanie se contentait d'illustrer la cour à Paris, elle ne dérangeait personne. Alarmer le prince sur des réalités vues d'Alsace semblait déplacé, presque insolent et donc forcément sans fondement.

En renvoyant Mélanie à ses méditations de citoyenne des frontières, le gouvernement parisien ne se doutait pas que le dénouement était proche. La comtesse alsacienne songeait alors que l'empereur avait souhaité dès le début de son règne que sa cour fût très européenne. Il prit des mesures en ce sens mais on peut se demander si la greffe n'avait pas pris de manière trop superficielle ? Lui-même marqué par son enfance helvétique, s'était senti instinctivement proche des Autrichiens Metternich et du Suisse Pourtalès. Mélanie l'Alsacienne participait, elle aussi, à cette « européanisation » de l'image de l'Empire. Toutefois elle fut trop souvent obligée de protester de sa qualité de Française. Elle refusait énergiquement d'être prise pour une de ces étrangères venues à Paris pour y rechercher la gloire et les plaisirs. Combien de fois sera-t-elle amenée à préciser : « Je suis Alsacienne, l'Alsace est française, je suis donc Française… » Quelle que fut l'énergie de ses dénégations ou de son comportement de fidélité totale à l'empereur français, elle ne réussira pas à éviter qu'à Paris certains ne la prennent pour une belle Allemande. La régularité de ses séjours robertsauviens ne fera que confirmer l'impression de ces esprits stupides qui n'étaient après tout que jaloux. C'est avec plus de peine et de consternation que l'on peut lire sous la plume de Prosper Mérimée, dans une lettre à madame de Montijo : « Il y a peu d'invités hors de la maison, excepté le prince et la princesse de Metternich. Madame et monsieur de

Pourtalès et le prince de Reuss nous ont quittés il y a quelques jours, sans être fort regrettés, car nous trouvions qu'il y avait assez d'Allemands comme cela. »

Ducrot, quant à lui, ne désarma pas dans ses tentatives de prévenir la catastrophe. Il entreprit toutes les démarches auxquelles l'autorisaient ses responsabilités et sa position. Il envoya, en date du 28 octobre 1868, une lettre au général Frossard, que Loliée qualifie « d'historique » et dans laquelle avec toute sa force de persuasion il appuie et défend les thèses de Mélanie de Pourtalès. Cette lettre ainsi qu'une correspondance entre Mélanie et le général seront interceptées par « le cabinet noir », ne parviendront jamais à leurs destinataires et seront retrouvées en 1870 dans les « papiers des Tuileries » saisis après le désastre.

Cet épisode permit à l'écrivain et journaliste Arthur Meyer d'écrire, bien plus tard, en 1912 : « La publication des papiers saisis aux Tuileries et, entre autres, la lettre de la comtesse au général Ducrot, démontrèrent que dans cette si jolie tête il y avait un vrai cerveau. »

Le comte Hüber-Saladin écrivit à madame de Bussierre une lettre de Bruxelles en date du 15 novembre 1870 à en-tête de la Croix-Rouge, société de secours aux blessés militaires : « La perspicacité de madame votre fille a vu plus profond et plus loin ; sa lettre au général Ducrot restera comme un document historique. »

En 1869, Ducrot avait fait une ultime tentative auprès de l'empereur. Sans doute avait-il été particulièrement motivé par le dernier incident qui se racontait à la table des Pourtalès. Le colonel Stoffel, attaché militaire à Berlin, avait été invité par le roi Guillaume en présence de nombreux officiers étrangers, à assister à des manœuvres du 1er corps d'armée en Poméranie. Son uniforme français fut reconnu alors qu'il se trouvait à Stettin et aussitôt des groupes de manifestants hostiles l'entourèrent en l'insultant : « Chien de Français », lui avait-on crié au milieu de bordées d'injures.

Ducrot exposa à Napoléon III un plan détaillé que son commandement à Strasbourg l'avait incité à mettre au point dans le but de protéger les frontières françaises en Alsace. « Mais oui », avait répondu son interlocuteur. Et aucun crédit ne fut jamais dégagé pour le moindre commencement d'exécution.

Vint la dépêche d'Ems qui se trouve relatée dans tous les manuels d'histoire. Bismarck voulait sa guerre et la sentait lui échapper. Il falsifia donc une dépêche diplomatique pour exacerber l'inimitié de la France à l'égard de la Prusse et vice versa. Il n'en fallut pas plus…

*Pauline de Metternich : « Mes pauvres amis ! »*

Le 17 juillet 1870, le parlement français vota la guerre dans l'enthousiasme des inconscients. Il y eut même à Paris des manifestations en faveur de la déclaration de guerre et de la mobilisation ! Bismarck savoura.

Napoléon prit la tête des troupes. Il était non seulement fatigué et malade, il était aussi profondément inquiet en constatant l'état des lieux militaire. Incurie est le mot qui caractérisait le mieux la situation que Napoléon pressentit dorénavant catastrophique.

Le 19 juillet 1870, Pauline de Metternich écrivit à son amie Mélanie :

> Vous voilà avec une terrible guerre prévue depuis si longtemps. Le fardeau en est furieusement lourd à porter !
> Je veux savoir ce qu'il advient de vous, mes excellents, mes pauvres amis. Vous, l'avant garde… vous ne sauriez croire dans quel état je suis en pensant à vous.
> De grâce, deux mots pour me rassurer ! Parlez-moi de votre mère en particulier à laquelle toutes les émotions doivent faire un mal affreux, de vous, d'Edmond, de la garde mobile… Le fait-on partir de Strasbourg ? De votre chère Robertsau, des dangers qu'elle va courir… Enfin de la cathédrale de Strasbourg, pour laquelle je crains le canon et

> les bombes de l'ennemi. Vous voyez, je divague, remettez de l'ordre dans ma tête. Paris est fou à lier…

Le 24 juillet, une nouvelle lettre de Pauline vint vers Mélanie :

> Moi, j'ai le souvenir des douleurs de 1866 encore si vivace que je crois m'y retrouver en plein et d'autant que tous mes vœux, toutes mes sympathies, toute ma tendresse sont à la France et que l'idée d'un insuccès me rend folle.
> Je n'exagère pas. Si la France ne réussissait pas, voyez-vous notre bien-aimée Autriche ? C'en est fini d'elle. Il ne reste plus alors qu'à se faire enterrer vivant pour cacher sa honte et son désespoir. Que Dieu vous protège donc et vous envoie des légions d'anges pour combattre à côté de vos belles troupes. Les Allemands vomissent d'injures contre la France et l'empereur. Pour les Prussiens, je les comprends à la rigueur, mais ce qui me blesse, c'est que les pays annexés donnent aussi dans le piège. Je me serais fait écharper plutôt que de me ranger sans broncher sous les drapeaux prussiens.

Voilà des positions sans équivoque sur les sympathies d'une femme qui fut jugée bien sévèrement à Paris pour son exubérante primauté intellectuelle et notamment lors de la première de *Tannhaüser*. Il est vrai que les Autrichiennes ont eu rarement la cote d'amour à Paris où on les accable d'autant plus volontiers qu'elles ont un tempérament plus pétillant. Mais Pauline poursuit sa lettre par les conseils affectueux de quelqu'un à qui les événements récents ont infligé des épreuves identiques.

> Je vous conseille envers et contre tout, d'organiser votre hôpital de quinze lits. Moins il y a de monde dans une localité, plus on se remet vite… Les amputés se remettront plus facilement à la Robertsau qu'à Strasbourg. Les pansements sont faciles et s'apprennent en une fois, de sorte que vous n'avez pas besoin de beaucoup de médecins chez vous. Il faut de l'eau phéniquée en quantité, et du vin d'Espagne et de Cognac. Vous savez qu'on en donne beaucoup aux blessés…

Trois jours plus tard, le 27 juillet, nouvelle lettre inquiète :

> En lisant dans les journaux que les Prussiens avaient fait sauter le grand pilier du pont de Kehl, et cela à quatre heures du matin, j'ai eu un accès de fureur en songeant à l'effroi que cela vous aura causé, cette horrible détonation, arrivant au milieu de votre sommeil… Vous savez que j'ai depuis quatre ans une lettre cachetée de Galliffet, avec l'inscription sur l'adresse : « À ouvrir après la guerre qui aura lieu entre la France et la Prusse ».
>
> Massa est parti ce matin avec l'empereur à Metz. Gott mit Ihnen. Les Prussiens ont échelonné leurs troupes depuis Coblence jusqu'à Vieux-Brisach. C'est une ligne de défense énorme et bien imposante. L'entrée de l'Allemagne ne sera pas si facile à moins que l'ennemi ne se retire pour attirer les Français dans cette malheureuse plaine de Wurtzbourg que nous avons regardée, vous rappelez-vous, en passant en chemin de fer, Moltke ayant dit que c'était là qu'il livrerait un jour la bataille à la France.

L'idée de réussir une avancée en Allemagne ne pouvait qu'être très sincèrement formulée le 27 juillet par cette amie de la France, mais quelle dérision au regard des faits. Ce furent les Prussiens qui attaquèrent et la région de Wissembourg, – Lembach, Froeschwiller, Woerth, Morsbronn, – constitua l'œil du cyclone.

Du 4 au 6 août se déroula la terrible bataille entrée depuis dans toutes les mémoires. « C'était un soir, à la bataille de Reichshoffen… » scandent les enfants des colonies de vacances, sur un rythme endiablé, presque un siècle plus tard. La bataille fut en réalité un carnage, et, au plan français, une catastrophe militaire que l'aveuglement du monde politique avait rendue inéluctable.

Triste défaite qui augurait mal de la suite…

*L'Alsace est livrée à la Prusse*

Près de dix mille morts sur le plateau de Froeschwiller, environ seize mille blessés ! Autant dire que l'effondrement français dans le nord de l'Alsace venait de livrer le pays à la Prusse.

Le siège et le bombardement de Strasbourg avaient commencé dès les premiers jours d'août. Le prussien von Werder qui menait les opérations s'y consacra avec une conscience professionnelle telle que les Strasbourgeois l'appelèrent von Mörder, le meurtrier. Plusieurs centaines de morts civils, trois mille blessés, dix mille sans toit, les bâtiments les plus prestigieux bombardés, la cathédrale en flamme, la bibliothèque et ses trésors détruits, le musée de l'Aubette et ses toiles de maître anéantis, l'orphelinat touché, voilà faiblement résumé le bilan de près de deux mois de siège et de canonnades.

Il est intéressant de noter que l'amorce des hostilités se fit à la Robertsau. Lisons Gustave Fischbach qui relate les escarmouches du 4 août :

> Des détachements badois vinrent occuper ce jour-là le village de la Robertsau qui fait partie de la banlieue. Leur arrivée causa une vive panique dans la population du village et de nombreux habitants se réfugièrent à Strasbourg avec quelques hardes et quelques meubles emportés à la hâte. Ils arrivaient la plupart dans des bateaux, dans des petites nacelles, et c'était un triste spectacle que de voir ces pauvres gens débarquer sur les quais deux ou trois paquets d'habits, un peu de literie, puis s'en aller chercher par la ville un asile pour eux et leurs enfants. Quelques propriétaires aisés de la Robertsau avaient opéré un déménagement plus considérable, et l'on a vu arriver de grands bateaux de transport dans lesquels étaient entassés des mobiliers complets, des portes, des fenêtres, des volets, toute partie de construction qu'on avait pu facilement détacher.
>
> Une reconnaissance composée de cavalerie, de quelques petites pièces d'artillerie et de détachement de troupes de

> ligne fut dirigée dans l'après-midi du côté de la Robertsau. Quelques coups de fusil furent échangés avec de faibles postes ennemis, et la reconnaissance rentra dans les murs de la place sans avoir eu d'engagement sérieux.

Le 14 août, Trawitz, un des dix citoyens de Strasbourg les plus fortunés, propriétaire et protestant de son état, sera nommé adjoint spécial pour les quartiers extra-muros de Strasbourg, et plus spécialement de la Robertsau. Ses propriétés se situaient au sud de l'actuel centre sportif où l'on peut voir une partie des bâtiments de ce que les anciens appelaient *s'Drawitze-Gued*. Il eut le grade de « sous officier d'état civil, chargé d'exécuter les lois et les règlements de police dans cette partie de la commune ».

Lundi 15 août, une formidable explosion réveilla les habitants vers trois heures du matin… On apprit bientôt que les Badois venaient de faire sauter le beau pont à colonnes qui traversait le canal de la Marne au Rhin et conduisait de la promenade Lenôtre à la Robertsau. Déjà le pont en fil de fer qui reliait la Robertsau à une route conduisant vers la ville, était détruit ; les communications directes entre ce village et la place étaient donc interrompues complètement.

À ce moment-là, la Garde Mobile constituée de jeunes hommes « improvisés soldat au moment de la déclaration de guerre » fut affectée aux postes les plus dangereux et les plus exposés. Le 4$^{e}$ bataillon était placé sous le commandement du comte de Pourtalès. Fischbach relate ces affrontements :

> Edmond de Pourtalès a été l'un des héros du siège. (…) Par son intrépidité, par son calme aux instants les plus périlleux, il a fait l'admiration de ses officiers. (…) Il avait comme une sorte d'inconscience du danger, et il bravait toutes les fatigues, le sourire aux lèvres, préoccupé seulement de ménager les forces et la vie de ses soldats, et communiquant à ceux-ci son sang-froid et sa bravoure.

Bombardement de Strasbourg par les Allemands.
Gravure d'après un tableau de Gustave Doré

D'ailleurs, dans une lettre du 10 septembre, Pauline confirme :

> Votre bien-aimé Edmond se conduit admirablement. Je n'en ai pas été étonnée un instant car c'est l'homme au monde le plus noble, le plus loyal, le plus dévoué que je connaisse. Je le sais capable de tout ce qui est grand, beau et sublime. Son attitude digne et simple dans cette épouvantable calamité me remplit de respect et je vous assure que lorsque j'aurai le bonheur de le revoir, j'aurai une émotion indicible et rien au monde ne m'honorera davantage que de serrer sa chère main. Vous ne sauriez imaginer avec quel sentiment je lève les yeux vers lui… J'ai un tel enthousiasme pour sa conduite que je m'exalte aux nues en parlant. Votre famille en général, ma chère Mélanie, vous fait honneur.

Les jours et les semaines qui suivirent ce 15 août furent réellement terribles pour Strasbourg.

L'armée française était globalement inorganisée, inférieure en nombre et sous-équipée. Le commandement central, qu'il vînt alors de Paris dépassé par les événements, de Metz où se trouvait l'empereur dans le rôle de généralissime englué dans son impuissance militaire, ou de Strasbourg terrassé, était largement dépassé par les réalités de ce conflit.

« La France ne vous abandonnera pas, comptez sur la mère patrie ! », tel était le sens des déclarations officielles qui émanaient des autorités parisiennes de manière tragiquement dérisoire.

La réalité sur le terrain était aux antipodes de ces promesses fallacieuses avec lesquelles on cherchait à leurrer les habitants d'Alsace. C'était une horreur guerrière prolongée, des souffrances physiques insupportables, une destruction délibérée de notre mémoire culturelle, un drame psychologique aux conséquences incalculables.

Edmond se trouvait au front, en première ligne, et se battait avec vaillance. Le château de la Robertsau, grâce à Mélanie, servit d'infirmerie de fortune sous l'égide de la Croix-Rouge avant que les Allemands ne s'en emparent, fort brutalement.

Adrien Weirich rapporte que le baron de Bussierre était allé défendre la cause de ses compatriotes de la Robertsau auprès de von Werder. Les troupes assiégeantes avaient en effet réquisitionné le bétail du village sous un prétexte futile. Von Werder accéda à la requête, donna l'ordre de rendre le bétail mais fit arrêter le baron le lendemain. C'est ainsi qu'Alfred Renouard de Bussierre, soixante-six ans, fut ligoté à un arbre, et harcelé par la soldatesque allemande qui l'emmena de force à Rastatt après une difficile traversée du Rhin en barque et une marche épuisante. On le fit prisonnier sans ménagement et sans autre forme de procès. Une telle personnalité pouvait leur servir de monnaie d'échange en attendant la reddition de Strasbourg.

Jenny de Turckheim, nièce d'Alfred de Bussierre, qui tenait un journal, indique à la date du 27 août :

> À Reichshoffen, Paul de Leusse est resté prisonnier sur parole. Il n'en a pas été de même pour mon oncle, Alfred Renouard de Bussierre, que ces infâmes gredins de Badois ont arrêté à la Robertsau et conduit à Rastatt prisonnier de guerre ! au mépris de toutes les conventions, entre autres celle de Genève, de laquelle ils font une telle histoire ! Mon oncle, qui est président du comité de la société de secours à Strasbourg, qui de plus était à la tête de son ambulance de la Robertsau et qui était par conséquent à l'abri de toute violence ! C'est trop fort, trop fort ! Les Prussiens sont exaspérés contre ce bon Edmond de Pourtalès qui remplit consciencieusement ses devoirs de commandant de la Garde mobile de Strasbourg.

Le 31 août, Jenny raconte qu'une lettre d'Alfred à son frère Léon explique les détails de son arrestation brutale et sans ménagement et elle s'interroge : « Est-ce en sa qualité de député, ou en qualité de beau-père d'Edmond de Pourtalès qu'on l'a traité de cette façon ? »

Mélanie qui avait eu le temps de s'enfuir en Suisse avec ses cinq enfants, tenta toutes les démarches pour faire libérer son père. Ses amis influents furent sollicités. En vain. Aucun argument ne convainquit. Les Allemands furent intraitables, leurs réponses humiliantes.

Pauline écrit le 7 septembre :

> Vous avez mille fois raison de ne pas écrire à Solms et je ne saurais assez vous encourager à ne pas faire un pas pour obtenir qu'on relâche votre excellent père. Après la peine qu'on s'est donnée, il est clair que les misérables ne veulent pas le sortir de prison. On me dit d'ailleurs que plus on fait de démarches, plus ils s'entêtent.

Dans la même lettre, elle exprime de manière passionnée son désespoir pour Strasbourg :

> L'effondrement est trop affreux, la chute trop épouvantable pour n'être pas ébranlé jusqu'au fond de l'âme et avoir le cœur figé… Quelle catastrophe inouïe et insensée. C'est à se demander si on ne rêve pas. On affirme de tous les côtés que le siège est impossible à soutenir car l'armée française, oui, l'armée française est pour ainsi dire anéantie.
> Il y a tout au plus cent cinquante mille hommes qui pourront être envoyés devant les murs de la ville et il en arrive des centaines de mille, des hordes. Est-ce vrai que la maison de la rue de la Nuée-Bleue est un monceau de cendres ? Je n'y puis croire… Et la Robertsau ? En savez-vous quelque chose ?

En quelques lignes, elle montre sa réelle sympathie pour le destin de Napoléon III :

> L'empereur a chargé avec la troupe dans une pluie de balles, de boulets et d'obus. La mort n'a pas voulu de lui. Lorsqu'il s'est rendu, le roi lui a fait dire qu'il exigerait qu'il vînt lui apporter en personne son épée. L'empereur est donc allé, et au lieu d'être reçu par le roi, c'est Bismarck qui l'attendait. On ne lui a rien épargné, et il a bu le calice jusqu'à la lie. (Puis, préoccupée par le sort de sa famille, elle poursuit) : Où iront-ils après la guerre ? Dieu le sait ! Ils n'ont pas le sou, n'ont pas un liard, les millions qu'on leur supposait sont dans la tête de leurs ennemis, de sorte que l'argent leur fera défaut.

Le 10 septembre, Pauline poursuit :

> Le pauvre cher empereur est profondément malheureux de voir la France si affreusement éprouvée et en souffre horriblement. Il est miné par le chagrin mais aussi quel drame, quel cataclysme inouï ! La France vaincue, écrasée, c'est à ne pas y croire et il faut se le répéter du matin au soir pour pouvoir le comprendre. L'impératrice, que j'ai vue à Hastings – elle habite une misérable chambre – est admirable de douce résignation. Ce qui la met au désespoir, c'est d'entendre les propos monstrueux qu'on lui prête par rapport à la conduite de l'empereur à Sedan. Elle l'admire profondément, elle le vénère plus que jamais. Il a été exposé à une vraie pluie de balles et il n'a demandé à Dieu qu'une grâce, c'est d'être frappé. Ses lettres à l'impératrice sont touchantes, superbes de désespoir. Si vous conservez le moindre sentiment d'affection à l'impératrice, défendez l'empereur, je vous en prie, défendez-le pour elle, car cela la fait mourir de chagrin d'entendre qu'on l'accuse. Si vous l'aviez vue sangloter comme je l'ai vue, moi, vous n'hésiteriez pas à le faire, même si au fond de votre cœur vous conserviez une certaine rancune contre le pauvre empereur en vous disant peut-être qu'il n'aurait pas dû faire la guerre.

Au moment même où la princesse de Metternich écrivait à son amie en lui faisant part de sa compassion pour l'empereur déchu et pour Strasbourg vaincu, le Grand-duc de Bade investissait le château de la Robertsau pour y effectuer un rapide séjour avec l'ensemble de son état-major. Une sorte de tour du propriétaire en somme…

Le bombardement de Strasbourg ne laissa pas le château indemne. Une aile fut touchée, le feu se propagea. Dans les conditions de panique et de pénurie que l'on devine, l'incendie ne fut pas maîtrisé rapidement. Il dura plusieurs jours faisant des dégâts considérables.

Après deux mois et demi de siège meurtrier, Strasbourg capitulait le 27 septembre et les soldats allemands prirent possession de la ville.

## *Ce fut alors la fracture*

L'Alsace vaincue avec la France humiliée souffrit une fracture qui ne guérira jamais complètement, et c'est bien en ces moments-là qu'il faut rechercher le développement d'un certain « complexe alsacien ». Les conflits et les bouleversements répétés de 1914-1918 puis de 1940 ne feront que l'amplifier.

Français depuis leur conquête sanglante par Louis XIV, les Alsaciens vivaient assez bien leur situation stabilisée depuis deux siècles. Ils entretenaient des relations convenables avec les voisins badois. Ils se sentaient en paix linguistique et psychologique avec eux-mêmes, ce qui n'était pas la moindre des choses.

Or voici que 1870 les plongea, malgré eux, dans une grave situation de conflit dont l'enjeu n'était rien autre que leur propre identité. Germains d'origine et de langue, Français de cœur et de tempérament, ils se trouvèrent brutalement soumis à un choix impossible. S'exiler par conviction et rejoindre « l'intérieur » en coupant leurs racines d'Alsace, ou rester sur le sol natal, se renier et passer sous les fourches caudines.

Dans tous les cas, cela équivalait à se détruire un peu ici ou là.

Plus de cent mille Alsaciens refuseront la nationalité allemande et choisiront l'exode. Beaucoup d'entre eux iront en Algérie pour refaire une vie totalement française. Ils fondèrent des villages et des bourgs qu'ils baptisèrent du nom de leurs lieux d'origine en Alsace. Il y eut ainsi un village de la Robertsau en Algérie après 1870.

La plupart, cependant, iront « à l'intérieur », notamment à Paris et dans la région parisienne. La célèbre École Alsacienne fut alors fondée dans le but d'assurer une très bonne scolarité aux enfants d'émigrés réfugiés dans la capitale. On peut estimer que parmi ceux qui choisirent ainsi le départ, il y eut un grand nombre d'hommes et de femmes de caractère, des esprits entreprenants et donc des décideurs, qui privèrent l'Alsace de leurs talents.

Pauline écrivit le 19 septembre :

> Pauvre Strasbourg… c'est le désespoir des désespoirs que de songer à vous et d'assister à l'effondrement de vos belles et heureuses existences. J'en pleure des larmes de sang. (…) Voici les Prussiens devant Paris, l'impossible est devenu une réalité. (…) Je suis littéralement glacée de stupeur, d'effroi, d'étonnement et de douleur. (…) Ces Prussiens, je savais bien pourquoi je les haïssais ! Si j'avais pu deviner le mal qu'ils vous feraient un jour, je les aurais détestés davantage. Ce sont des misérables. Jurons-nous aujourd'hui que nous n'en reverrons pas un seul.

Le 28 septembre, elle fit part à Mélanie de cette analyse politique parfaitement claire :

> Les Prussiens eux-mêmes croient tous que la France leur conservera une haine si féroce que la guerre sera inévitable dans trois ou quatre ans. Le rédacteur du *Times*, M. Delan, m'a confirmé cela de point en point et m'a assuré que personne ne se faisait d'illusion là-dessus. Quelle horrible perspective ! Voici le raisonnement de Bismarck : « Si nous ne prenons pas l'Alsace et la Lorraine, les Français, malgré cela, ne songeront qu'à se venger de nous et nous referont la guerre aussitôt que possible ; tandis que si nous leur annexons les provinces, nous leur rendrons la guerre plus difficile en leur ôtant une bonne ligne offensive. » Ah ! ma chérie, je crois que vous devez vous habituer à l'idée de voir votre malheureux pays devenir prussien. Les désastres de cette délicieuse Robertsau me fendent le cœur. Les misérables ! les misérables, je les hais ! (souligné trois fois)

Quel éclairage exceptionnel ces lettres viennent-elles apporter sur les positions et les engagements de la comtesse alsacienne et de la princesse autrichienne. Sans équivoque ! Il s'agit bien d'une passion quasi charnelle pour la France et pour l'Alsace française.

Or, à la cour, certains n'avaient pas hésité à considérer avec méfiance cette Alsacienne géographiquement trop proche de l'Allemagne. Son amitié affichée avec l'Autrichienne avait aggravé ces stupides suspicions. On n'oserait même pas imaginer qu'elle ait eu un soupçon d'accent alsacien ; cela seul aurait constitué aux yeux de certains un délit.

Elles étaient pourtant l'une et l'autre d'une fidélité et d'une passion exemplaires à l'égard de la France. Sans doute les regrets et la pitié pour l'empereur déchu en constituaient-ils la cause première, mais on ne peut manquer d'être frappé par cette profonde et tenace haine du Prussien. Pauline avait ses raisons qui dataient de Sadowa ; Mélanie avait dorénavant les siennes.

Au-delà du désespoir que provoquent les violences et les exactions de l'ennemi, on trouve dans ces lignes une dimension plus dramatique de l'inimitié. C'est sur un mode de tragédie antique que nos deux épistolières expriment leur désespoir : pour elles le paradis est perdu, le mal s'exprime et se déroule sous leurs yeux. Elles crient leur vengeance et leur colère : « Il faut anéantir le mal qui est définitivement haïssable ». De cette colère purificatrice peut jaillir le salut. Non pas, certes, la restauration de l'Empire et le retour des beaux jours, mais une sorte de nouvel ordre des choses fondé néanmoins sur la douceur de vivre. Il y faut une condition : exclure le Prussien ! Le mal, c'est le Prussien.

*La protestation de l'Alsace et le remords français*

Hélas ! les événements ne se déroulèrent pas selon leurs espoirs et leurs rêves. C'est durablement que les Allemands voudront maintenir sous leur joug les provinces si longtemps convoitées. Les raisons stratégiques rapportées par Pauline ne furent pas les seules. L'Alsace et la Lorraine étaient historiquement allemandes dans l'esprit de Bismarck et des siens. Pour eux, il s'agissait donc d'un retour logique des choses. C'est l'ordre allemand qui venait de se remettre en place ; ce serait pour toujours et il n'était pas question de voir les choses autrement !

L'immense majorité des Alsaciens percevra pourtant de manière très différente cette situation de mise au pas.

L'opération fut douloureuse. Deux siècles de culture française avaient conféré aux Alsaciens un sens très aigu des libertés. L'humour et l'espièglerie, un zeste de persiflage en même temps qu'un certain art de vivre s'étaient étroitement liés aux traditionnelles qualités rhénanes de rigueur et de sérieux alliées au sens de l'organisation et du labeur bien accompli. Cet équilibre ne semblait pas très éloigné des vertus fondamentales de l'ère des villes libres et de l'humanisme auquel on rêvait avec nostalgie comme à une sorte d'âge d'or alsacien.

La reconquête qui s'était effectuée dans les larmes et dans le sang ne se déroulera décidément pas dans l'harmonie insouciante d'une adhésion tranquille.

Il ne faut pas considérer cette période sous l'angle exclusif de l'imagerie française simpliste qui n'a si fortement jailli que sous l'impulsion du remords.

Il n'empêche, aucune thèse révisionniste ne pourra effacer la cathédrale en feu pendant plusieurs jours, l'irremplaçable *Hortus Deliciarum* et tant d'autres trésors de notre patrimoine à jamais anéanti par les flammes, l'épouvante de ces milliers d'Alsaciens tués ou blessés.

Comment se sont ensuite déroulés les faits qui ont conduit à l'amputation de la France après la défaite de Strasbourg ?

Le 29 janvier 1871, Paris succomba, victime de la famine. Le 18 février, Denfert-Rochereau abandonna Belfort après une héroïque résistance de plus de trois mois. L'armistice fut alors signé et l'on procéda à des élections générales. La nouvelle Assemblée nationale française conclut officiellement le marché consistant à acheter la paix avec la Prusse au prix de l'Alsace et de la Lorraine germanophone.

Cinq cent huit députés contre cent sept décidèrent de signer la cession de nos provinces. C'était la condition de la tranquillité de la France. Avaient-ils politiquement le choix après une si nette débâcle militaire ?

« L'Alsace n'était pas d'accord. » Elle élut des patriotes français à l'Assemblée de Bordeaux, dont Kuss, Kablé, Saglio, Boersch, Gambetta, vingt-huit au total, qui rédigèrent et signèrent la solennelle déclaration du 17 février 1871.

Relisons ses trois têtes de chapitre :

1. L'Alsace et la Lorraine ne veulent pas être aliénées.
2. La France ne peut consentir ni signer la cession de la Lorraine et de l'Alsace.
3. L'Europe ne peut admettre ni ratifier l'abandon de l'Alsace et de la Lorraine.

Relisons aussi la conclusion :

> Nous proclamons par les présentes à jamais inviolable le droit des Alsaciens et des Lorrains de rester membres de la nation française et nous jurons, tant pour nous que pour nos commettants, nos enfants et leurs descendants, de le revendiquer éternellement et par toutes les voies, envers et contre tous les usurpateurs.

On dit que le maire de Strasbourg, Émile Kuss, mourut de chagrin et de douleur en mars 1871. Il symbolisera cette fatalité, immortalisé en son désespoir par Théophile Schuler, devant les ruines de Strasbourg livré aux Allemands.

Après cet abandon, le remords français s'afficha. Il se transforma en fonds de commerce mais n'en fut pas pour autant totalement dépourvu de sincérité. Partout, dans tous les registres et sur tous les modes, on évoquait les provinces perdues. Place de la Concorde, au pied de la statue de Strasbourg, les couronnes et les fleurs affluaient en signe de deuil. Les chansons, les images, les écrits de toute nature étaient alors imprégnés d'Alsace-Lorraine. Que dire des discours ! Il y eut même quelques authentiques chefs-d'œuvre artistiques dans ce grand bazar. Gustave Doré créa un tableau d'une force d'émotion rare qui orne aujourd'hui le hall de la préfecture du Haut-Rhin, à Colmar. Henner, plus en vogue que jamais, peignit une Alsacienne en deuil, enchaînée, qui fit le tour des chaumières françaises sous forme de chromo.

Innombrables furent les dessins, croquis, peintures de toutes sortes représentant notre province belle, triste et… perdue. Bien évidemment l'Alsace était alors symbolisée par une jeune fille blonde, mélancolique, et assez irrésistiblement séduisante : comme Mélanie ! À ce propos, Loliée évoque :

> L'heureuse idée qu'eurent des artistes en renom de la peindre vêtue en paysanne alsacienne, comme l'image même de l'Alsace pleurant la patrie perdue. Image de beauté blonde aux tresses pendantes, sous le ruban noir, qui incarnait si bien le sentiment public, dans ces jours de deuil, qu'on la reproduisît par tous les procédés connus des arts graphiques… Dans les vitrines du commerce on voyait partout l'anonyme portrait de la belle comtesse, coiffée du nœud d'Alsace.

Louis de Turenne, fidèle parmi les fidèles et grand ami épistolier – sa correspondance fait l'objet de plusieurs volumes reliés de la bibliothèque de Mélanie –, confirmait dans un de ses courriers « qu'avant de quitter la France en compagnie d'Edmond de Rothschild, il s'occupait des photographies de Mélanie en Alsacienne ».

Napoléon, quant à lui, adresse de Chiselhurst une lettre bien tendre, en date du 20 mars 1872, qui confesse :

> Vous avez fait un heureux par l'envoi de votre lettre et de la photographie qui l'accompagnait, ce sera pour moi un précieux souvenir quoique je n'aie pas besoin de ce charmant portrait pour penser à notre chère Alsace et à vous, madame, qui la personnifiez…

Il n'est pas impossible que Mélanie pour des raisons esthétiques, sentimentales et politiques ait alors inspiré les plus belles images, en servant de modèle pour symboliser la superbe douleur de l'Alsace et celle de la France amputée.

Une ère s'achevait et tout a basculé.

Mélanie vivra de manière singulière ces temps nouveaux et les voies qu'ils esquissaient. Pour elle, l'histoire se dédoubla et sa vie se déchira. Elle se déroulait en deux espaces jusque-là unis, et dorénavant écartelés : la Robertsau et l'Alsace allemandes, Paris et la France sous la III$^{e}$ République proclamée le 4 septembre 1870.

*Le prince de Galles offre à Mélanie « les larmes de l'Alsace » incrustées dans un bracelet*

Mélanie était femme de cœur, elle était également fidèle à ses principes et à ses amis. Pauline n'avait donc pas besoin de la convaincre de témoigner son attachement au « pauvre empereur » en cette situation de défaite totale. Pour qui était lucide, Napoléon III, exilé en Angleterre, n'avait plus le moindre avenir. L'Empire venait de trépasser dans les convulsions permettant à la République de s'installer avec des arguments difficiles à détruire. Dès lors, la fidélité à l'empereur n'était sans doute pas l'attitude la plus payante.

Combien de courtisans avaient déjà changé d'obédience dès le pressentiment de la défaite ! Combien reniaient leurs engagements de la veille ; combien oubliaient tout ce qu'ils devaient à Louis-Napoléon, au temps des Tuileries splendides !

Il restait néanmoins une poignée de fidèles dont quelques-uns rejoignirent Napoléon et Eugénie dans leur exil de Camden-Place à Chiselhurst. Ils étaient peu nombreux et ce fut sans illusions que le couple impérial compta ses vrais amis. Aux premiers rangs Pauline de Metternich, l'Autrichienne. Elle raconta à Mélanie dans sa lettre du 19 septembre 1870 :

> Sachez que l'empereur et l'impératrice n'ont pas de fortune, et que nous nous employons actuellement, madame de Mouchy et moi, à organiser le budget de leur maison. Je

> vous jure qu'il faut de l'économie pour réunir les deux bouts, et que l'Europe entière sera étonnée quand elle verra et connaîtra l'exacte vérité à ce sujet.

Mélanie aussitôt s'empressa de rendre visite aux souverains en exil. Lorsqu'elle revit Napoléon pour la première fois depuis les terribles événements, elle eut un choc en constatant que l'homme avait brutalement vieilli. La maladie s'était inscrite en lui douloureusement. Eugénie, courageuse et vigilante, l'entourait d'une affection précieuse que l'adversité avait revivifiée. Le prince impérial était taciturne et solitaire.

Pour eux l'épreuve fut rude, ils en ressentirent les effets dans leur vie de tous les jours. Pendant quelques semaines, un réel problème d'intendance s'était posé, que le proche avenir allait heureusement atténuer. Au moins jusqu'en 1873 ce furent les amis qui veilleront à rendre le quotidien supportable. Pendant ces trois années, la famille impériale déchue était contrainte de mener une vie domestique mesurée en calculant au plus juste. On en était à faire des économies de bouts de chandelle !

Mélanie, qui fut saisie par le contraste entre les conditions de vie de la cour des Tuileries et l'étroitesse de Camden-Place, n'écouta que son cœur. Elle voulut contribuer à adoucir la vie des souverains déchus et décida de plaider leur cause auprès de Thiers, le chef du nouveau gouvernement. Avocate pour l'occasion, elle possédait bien évidemment un atout d'une éloquence rare et dont la réputation la précédait dans ses démarches auprès de tout homme sensible : sa célèbre beauté. Devrait-elle prévoir beaucoup de temps pour effectuer sa plaidoirie ? Sans nul doute, puisque son éminent interlocuteur avait une réputation à honorer. Chef de gouvernement, il n'en était pas moins homme et, bien que sexagénaire, goûtait le commerce des femmes élégantes. Il ne se lassa donc pas de la présence de la belle comtesse.

On dit que madame de Pourtalès obtint beaucoup. Les objets personnels de l'empereur gardés aux Tuileries et que la République voulait conserver furent ainsi restitués à leur ancien propriétaire grâce à cette efficace intercession. C'est par caisses entières qu'ils auraient été expédiés à Chiselhurst.

Edmond de Pourtalès relate toutefois une version moins optimiste dans *Saisons d'Alsace*. Thiers aurait commencé par se montrer très négatif à l'égard de cette démarche, en refusant catégoriquement de rendre certains objets personnels comme le nécessaire du prince impérial qui lui avait été offert par la Ville de Paris. Mélanie aurait été obligée de faire le siège du bureau de Thiers qui l'avait d'abord fait éconduire par son huissier. Elle menaçait de ne pas quitter l'antichambre avant d'avoir pu rencontrer le président qui, de guerre lasse, lui ouvrit sa porte. De manière moins élégante, la restitution de ces objets se serait en quelque sorte effectuée à l'usure ! « Emportez tout, mais allez-vous en, pour que je ne vous voie plus », se serait écrié notre esthète de président, avant d'ajouter avec un soupçon d'amertume agacée : « Lorsque par hasard je reçois une jolie femme, c'est pour qu'elle me soutire quelque chose. »

Mélanie obtint gain de cause. Nous avons d'ailleurs trouvé dans ses archives une liste originale :

> État des divers objets provenant des Tuileries apportés au ministère de l'intérieur le 4 septembre 1870, remis par ordre de monsieur le sous-secrétaire d'État à madame la comtesse de Pourtalès, pour être transmis à l'ex-impératrice des Français.

Il ne s'agit là que de babioles, de choses sans réel prix sinon sentimental, essentiellement des albums de photos, des cartes ou des médaillons. Rien, en tout cas, qui puisse remplir des caisses… Ce reçu est daté du 11 août 1871, et contresigné par le « chef de bureau chargé du service intérieur ». Il constitue un réel témoignage de la fidélité de Mélanie à défaut de prouver un haut fait d'armes.

De Chiselhurst, Napoléon lui écrivit le 18 août 1871 :

> Vous nous prouvez par votre affectueuse sympathie que le malheur a ses compensations. Comment en effet oserait-on se plaindre lorsqu'on peut encore compter sur des dévouements comme le vôtre et celui de votre mari.
> Je ne saurais vous dire combien j'ai été heureux de vous revoir et combien je suis sensible à toutes les preuves d'amitié que vous nous donnez dans ces jours de deuil et d'angoisse.

Lors d'une de ses visites à l'empereur en Angleterre, le prince et la princesse de Galles prièrent Mélanie de leur rendre visite. Ils souhaitaient l'avoir près d'eux non seulement pour évoquer les sujets brûlants de l'actualité, mais aussi pour passer quelques moments d'amitié agréables. Touchée par cette marque d'attention cordiale mais le cœur trop lourd pour prendre part à des festivités, même en si éminente compagnie, Mélanie déclina l'invitation et s'excusa: « Je ne me sens pas en mesure d'effectuer la moindre sortie en ce moment. Je ne souhaiterais me montrer nulle part. Je porte en effet un deuil double, celui de la France et celui de l'Alsace. »

Le prince de Galles, sensible à son message, et galant homme, lui exprima sa compréhension de manière éloquente en lui offrant un bracelet en or incrusté de perles sous lesquelles était gravée cette phrase pleine de signification: « Les larmes de l'Alsace ».

À la suite du traité de Francfort qui ratifia la défaite de la France, sa capitulation et l'annexion des provinces revendiquées par la Prusse, la famille de Bussierre opta donc, bien naturellement, pour la nationalité française.

Cette période était tragique et pleine de terribles désillusions pour tous les Alsaciens. Les Bussierre-Pourtalès virent se briser un autre rêve qu'Alfred Renouard avait esquissé pour son gendre: il espérait en faire son successeur à l'Assemblée nationale. Peu de chose en réalité face au drame.

La famille se sépara de sa belle propriété de la rue de la Nuée-Bleue qui fut vendue à l'administration militaire allemande. Celle-ci s'y installa très officiellement après l'avoir occupée de fait juste après la capitulation de la ville. Cet hôtel abrite aujourd'hui le siège du port autonome de Strasbourg.

Alfred Renouard de Bussierre conserva le poste de directeur de la Monnaie à Paris et réintégra l'hôtel du quai Conti, quelque temps après les troubles. Les Pourtalès se replièrent rue Tronchet en se jurant de retrouver la Robertsau le plus souvent possible.

Mais voilà que le destin les replaça en première ligne. De nouvelles épreuves, parisiennes celles-là, allaient surgir, comme si en ces années extraordinaires la tragédie avait décidé de ne jamais interrompre son répertoire chez les Bussierre-Pourtalès.

### *Le soulèvement des Parisiens et les secousses de la Commune*

Le 18 janvier 1871, le roi de Prusse Guillaume Ier fut couronné empereur d'Allemagne, à Versailles. Le 18 mars 1871, le peuple de Paris se souleva et créa un gouvernement d'insurrection : la Commune de Paris. Il s'agissait là d'une suite compréhensible aux souffrances et à l'humiliation des Parisiens. Le siège fut éprouvant, la famine avait fait son apparition, la capitulation avait été mal vécue. Il est vrai aussi que le mouvement ouvrier et les républicains parisiens avaient trouvé le moment opportun pour se manifester et, pourquoi pas, prendre le pouvoir. Ils se sentaient fortement stimulés par leur trésor de guerre : cinq cent mille fusils et deux cent vingt-sept canons enlevés aux Prussiens et groupés sur les hauteurs de Belleville et de Montmartre.

Le fait que l'Assemblée nationale, méfiante, ait décidé de quitter Paris pour s'installer à Versailles ne pouvait qu'exacerber la colère des insurgés. Thiers ne se montra pas particulièrement habile dans la gestion de ce conflit. Il décida de faire donner l'armée et voulut s'emparer de l'arsenal des insurgés. Ce fut la guerre civile. Les canons tonnèrent, les barricades coupèrent les rues de Paris, le sang se mit à couler.

Thiers prit la décision de quitter la capitale et de s'installer lui aussi à Versailles. L'insurrection se développa à Paris mais très vite son organisation fut anarchique et sans la moindre stratégie cohérente.

Sous les ordres de Mac-Mahon et de Galliffet, l'armée écrasa alors les communards qui furent décimés : vingt mille tués ou exécutés, trente-huit mille arrêtés et déportés. On connaît l'épisode tragique du « mur des Fédérés » du 28 mai 1871 et sa force symbolique !

Pendant cette période, en avril 1871, Léon de Bussierre écrivit à son frère Alfred plusieurs lettres qui décrivaient de manière très personnelle ces nouvelles épreuves.

> 14 avril 1871. Les bombes françaises commencent à tomber du côté de Passy, en réponse à une batterie que la Commune a établie au Trocadéro ! Quelle vie d'angoisse et de torture ! On voudrait pouvoir se cacher au fond d'une solitude inaccessible, mais là encore on serait poursuivi et rongé par les inquiétudes. Que Dieu daigne nous venir en aide !
> 18 avril 1871. Comme la campagne doit être belle en ce moment et comme on jouirait si l'on n'avait pas le cœur bourrelé ! Dis-moi, je te prie, tout ce que tu sauras sur la position qu'on nous fera, à nous autres Français, dans notre pauvre Alsace.

Léon expose ensuite à son frère la situation de la Monnaie pendant ces jours inouïs de la Commune. Ils s'interrogent tous les deux sur l'attitude à adopter face aux communards qui s'étaient emparés des bâtiments de l'institution. Ne pas contribuer à l'escalade des violences guerrières, telle fut leur analyse et tel sera leur comportement.

Quelques mois à peine après le traumatisme de la défaite nationale qui avait mis la famille de Pourtalès et les Renouard de Bussierre en première ligne, cette nouvelle tragédie les atteignit une fois de plus très directement. Les bombes, le feu

Photo de Mélanie, en 1872, qui incarnera l'Alsace en France

et les déchirements les auront ainsi poursuivis sans cesse pendant deux terribles années.

Le 18 mai, du Schloss Johannisberg où elle se trouve, Pauline écrit à Mélanie :

> Comment mes pauvres et bien chers amis, vous avez encore de nouveaux malheurs ? Le pillage de la Monnaie m'a porté un vrai coup et j'en suis désespérée pour vos parents et pour vous. Votre excellent père, votre héroïque mari et votre cher frère méritaient certes, après tout ce qu'ils ont fait pour leur pays, qu'on les traite autrement et l'acte de barbarie qui vient d'avoir lieu suffirait à lui seul à condamner cette infâme Commune qui fait la honte de cette infortunée France et qui inspire une horreur profonde à l'Europe civilisée ! Quelle ignominie... Je pleurerais des larmes de sang s'il vous arrivait la moindre chose...
> Je compte venir à la Robertsau le mois prochain et passer huit jours avec vous si cela vous arrange. Nous pleurerons ensemble et je tâcherai ensuite, quand vous saurez à quel point je partage vos chagrins, de vous remonter et de vous mettre un peu de gaieté dans le cœur en vous rappelant que les pertes matérielles s'oublient au bout du compte et qu'il faut remercier le Seigneur de vous avoir laissé père, mari et frères, mère et enfants. Combien d'autres pleurent aujourd'hui sur des tombes.
> 29 mai 1871. Richard est parti pour Paris ! J'espère qu'il pourra y entrer et qu'on ne le retiendra pas à Versailles. L'insurrection paraît finie, Dieu merci, mais l'air sera pestiféré par la masse de cadavres qui jonchent les rues et je serais désespérée que mon mari s'installe dans cette ville de malheur. Sodome et Gomorrhe brûlés par le feu du ciel, voilà l'effet que cela me fait.

Le 20 juin 1871, Pauline évoque toute cette période et songe notamment à Strasbourg :

> Vous vous êtes demandée si j'avais été moi à votre place, vivant comme vous dix mois avec tant de chagrins et de soucis d'avenir, si je ne serais pas devenue folle ? Je vous

> répondrai à cela qu'il n'y aurait eu dans tout cela qu'un temps que je n'eusse pas supporté, je le dis carrément, c'eût été le bombardement de Strasbourg et l'angoisse affreuse pour les jours de mon mari. Je l'écris aussi à Paul, il n'y a qu'une chose de vraiment triste ici-bas et c'est la mort. Je n'ai pas de courage lorsqu'elle atteint ceux que j'aime. À part cela, je crois que je sais me mettre au-dessus de tout parce que je puis et je sais toujours espérer.

Même si elle évoque cette note d'espoir qui semble correspondre à la force de son caractère aux profondes ressources, on comprend combien le malheur était puissant pour susciter chez Pauline des images et des sentiments aussi violents.

On imagine dès lors la situation de tous ceux, à Strasbourg ou à Paris, qui étaient moins favorisés en ces temps hors de l'ordinaire où les droits de l'homme n'étaient plus acquis à personne. On songe à ce que représentait l'exode pour les uns, le joug prussien pour les autres, les séquelles physiques et matérielles pour beaucoup. On comprend qu'alors tout était tristesse.

Ni le temps ni l'espace n'avaient plus leurs repères. L'incertitude régnait en souveraine. Chaque jour qui passait venait démontrer que l'explosion de 1870 avait été grosse de bouleversements inattendus qui déjoueront tous les plans et toutes les conjectures. Ceux qui avaient engagé leurs calculs sur un retour rapide de la France en Alsace devaient déchanter. Ceux qui s'imaginaient une Prusse continuellement belliqueuse n'auraient pas raison, eux non plus.

C'est dans ces conditions qu'au fil des années 1870, une époque se fracassait dans sa propre disparition. Elle avait été brillante, pétillante et fertile à plus d'un titre. L'opérette fit place à la tragédie, celle-là même dont le genre était banni à Compiègne ! Les rythmes endiablés et les éclats de rire de *La Vie Parisienne* auront conduit aux sons amers de Reichshoffen.

On était passé du quadrille aux tambours de Sedan.

CHAPITRE IV

# Un coin de France au cœur du Reichsland

La vie continuait et la vie de famille notamment. Personne chez les Bussierre-Pourtalès n'imaginait qu'elle pût se dérouler loin de la Robertsau, mais tous, bien entendu, avaient choisi la France. Ils furent du nombre des « optants ». Cela les conduisit à solliciter auprès du Statthalter des autorisations de séjourner en Alsace. Alfred Renouard rédigea sa demande en date du 10 avril 1872 dans une lettre qui l'amena à rappeler ses origines alsaciennes et ses liens avec sa province. Il y expliquait son choix « français » mais en même temps son souhait de pouvoir séjourner en Alsace afin de se rendre dans sa propriété familiale de la Robertsau et de s'occuper de ses entreprises. Il obtint sans difficultés son laissez-passer. Edmond et Mélanie feront de même. Ils seront ainsi en règle avec les autorités et pourront revenir en Alsace sans aucune restriction, du moins dans un premier temps.

Jacques, l'aîné des enfants Pourtalès, se trouvait à l'étranger pour y effectuer ses études. À l'âge de quatorze ans, il envoya des lettres pleines de tendresse à sa « chère maman », y évoquait les difficultés des versions latines, ses satisfactions en mathématiques, ses promenades et ses jeux avec son petit frère Hubert. La Robertsau lui manquait et, plus tard, à vingt-cinq ans, alors qu'il se trouvait en poste à l'ambassade de France à Vienne, l'une de ses missives contient ce cri du cœur: « J'aimerais partir aussitôt que possible pour voir encore la Robertsau jolie. Il y a cinq ans que je n'ai pas vu la Rob, aussi suis-je dans une joie folle d'y aller. »

Nous étions aux premiers temps de l'occupation allemande. Curieusement il n'était pas nécessaire alors de disposer d'un vrai passeport pour se rendre de France en Alsace allemande et vice versa. Le simple laissez-passer suffisait. C'est ainsi que les Alsaciens cultivaient de manière presque quotidienne des liens avec leurs amis et parents en France. Ces déplacements étaient possibles parce que, de manière paradoxale, une certaine confiance ou du moins une tolérance régnait alors. Les choses semblaient relativement faciles avant que ne survînt le durcissement de 1888.

Pour les Pourtalès, la Robertsau était bien le lieu de prédilection de toute la famille. Dans le cœur de chacun, quels que fussent les attraits et les séductions des autres résidences, elle ne céderait jamais la première place. La démonstration en fut donnée de grande manière en l'an de grâce 1875. Un événement solennel et rare s'y déroula.

Alfred Renouard de Bussierre et Mélanie de Coehorn fêtèrent leurs noces d'or. Il avait soixante et onze ans, elle en avait soixante-treize, voilà cinquante ans qu'ils étaient mariés. Ils avaient connu ensemble de grands moments de bonheur, vécu et surmonté bien des épreuves, échappé aux malheurs récents. Ils tenaient donc à saisir cette occasion pour organiser une fête inoubliable. Toute la famille, tous les amis y seraient associés, entourant les mariés comme en un suprême couronnement.

Alfred et son épouse avaient toujours bénéficié de l'estime de leurs proches. Leurs succès et leur prospérité avaient été méticuleusement construits grâce à leur travail, à l'engagement au service des autres, au respect de la dignité de chacun. Dans les lettres à Mélanie, on les évoquait souvent pour se préoccuper de leur sort ou pour les saluer affectueusement. Ce qui est tout à fait singulier, c'est le qualificatif familier de

« respectables » sous lequel on les désignait. Il se trouve inscrit dans le livre d'or du château. Pauline, les parents et les amis l'utilisaient fréquemment.

On allait donc fêter les « respectables » et le faire non pas à Paris où Alfred avait été député et directeur de la Monnaie nationale, non pas au centre de Strasbourg où était le siège de ses affaires, mais bien à la Robertsau.

Il s'agissait là du choix du cœur qui démontrait, si besoin était, combien la Robertsau était le lieu originel pour la famille Bussierre-Pourtalès, ses assises, en somme !

La fête fut la mobilisation générale de l'amitié. Tous y apportèrent leur concours, à Paris où les talents se mirent en éveil, aussi bien qu'en Autriche où les amis se préparaient avec fièvre. Sans compter la Robertsau en total émoi à l'approche d'un événement aussi considérable. Maraîchers, pêcheurs, artisans, commerçants, des plus importants aux plus humbles, tous comprenaient bien que la fête qui se préparait allait être de tout premier plan et marquerait les mémoires pour longtemps.

Les Bussierre-Pourtalès bénéficiaient depuis toujours d'une vraie cote d'amour auprès des habitants de la Robertsau. Leur générosité, leur attention permanente envers chacun étaient reconnues. Non seulement ils embauchaient beaucoup de personnel au château lui-même puis, quelques années plus tard, dans la superbe ferme où l'on avait besoin de domestiques, de femmes de ménages, d'ouvriers, de jardiniers, de fournisseurs de toute sorte, mais, au-delà de ces activités économiques naturelles inhérentes à une grande propriété, les Bussierre-Pourtalès dispensaient une réelle générosité : bourses scolaires pour les enfants les plus démunis du quartier, dons aux œuvres charitables, soutien financier non négligeable à chaque occasion d'intérêt général. Cette active présence était accompagnée d'une gentillesse très appréciée qui forçait l'admiration.

Dans sa *Biographie des hommes célèbres de l'Alsace*, Sitzmann rapporte :

> Parmi les nombreuses œuvres de bienfaisance dues au baron de Bussierre, il faut nommer une donation de deux cent mille francs dont les rentes sont consacrées à faire l'éducation d'enfants pauvres ou au soulagement d'ouvriers infirmes à Graffenstaden, et une autre donation de trente mille francs dont les intérêts sont distribués chaque année à dix familles nécessiteuses de la Robertsau, six de la paroisse protestante, quatre de la paroisse catholique, désignées par une commission nommée à cet effet.

Il est d'ailleurs inutile de rappeler combien les châtelains de la Robertsau étaient actifs dans la communauté protestante de Strasbourg. Alfred Renouard était membre du consistoire supérieur de la confession d'Augsbourg. Il était aussi l'auteur de *La Lettre sur les fondations de Saint-Thomas* adressée en son temps au maire Coulaux.

Pour cette grande fête, un superbe livre d'or, relié en veau pleine peau à filets d'or avec les initiales B. C. abritées sous une couronne, avait été conçu et édité dans le but de constituer la mémoire de ces journées de juin 1875. Les auteurs de cet ouvrage rare, ceux qui en étaient à l'origine, n'étaient rien moins que le prince de Metternich et le comte Louis de Turenne, les deux proches amis de Mélanie. Pour le plan du livre, ils décidèrent de suivre l'ordre logique des événements en reproduisant tout d'abord l'invitation au « Château de la Robertsau, près Strasbourg ». Puis ils relatèrent les préparatifs qui commencèrent dès la fin mai :

> Belloir, le décorateur de Paris, envoya à la Robertsau ses meilleurs ouvriers qui, en huit jours, terminèrent la construction d'une immense tente en fer à cheval, appuyée à la face sud du château…

On énuméra ensuite la liste des invités prestigieux qui se rendirent à la Robertsau, dans l'ordre de leur arrivée. On y retrouve les amis de toujours, le prince de Metternich et la princesse, toute la famille de Bussierre, le comte de Fitz-James,

William de la Rive, le comte Louis de Turenne, la baronne de Berckheim, le baron de Dalwigk ancien ministre dirigeant de Hesse Darmstadt, et, bien évidemment, l'aristocratie locale.

Comme il se doit à la Robertsau, la fête fut tout à fait européenne. L'énumération des pays et des villes d'origine des invités en atteste : Paris, Besançon, Genève, Ottrott, Ittenwiller, Darmstadt, Stockholm, Livonie, Dachstein, Vienne, Baden-Baden. Il n'y eut aucun représentant officiel du pouvoir allemand ni d'ailleurs les représentants de la branche prussienne de la famille. Leur absence revêtait évidemment une signification particulière. Les amis du village, quant à eux, ne furent pas oubliés et la liste est longue de tous ceux qui participèrent en bonne place au banquet.

À la table des mariés, parmi tous les hôtes de marque, nous trouvons le pasteur et madame Riff, le pasteur Heintz, M. Weiss, Ritleng, Brumpter, tous trois maires.

À la table de Paul de Bussierre, Mme Steiner, J. Wenger, Schaeffer, Paganetto, conseillers généraux, Sengenwald et Schützenberger, brasseur, Brauer, maire et directeur de Graffenstaden, Mayer, docteur, Himly, président du tribunal de commerce, Wehrlin, docteur, Scherdling, Klim, Barthel, Rhein, Vix, Lux, Barth, Eberhardt, Ott, Freysz, Wehrel, Heydt, Riehl, Schaub, Colonel Schott, Ammel, Heitz, Stephan, maires.

MM. Schlagdenhaufen, Schott, Diemer, cultivateurs, les cinq professeurs du conservatoire qui avaient en personne animé la partie des cantiques religieux à l'église.

À la table de Jacques de Pourtalès : Mlle Strohl, ancienne institutrice de la comtesse de Pourtalès, Mlle Marie Mayer, gouvernante, Krebs, précepteur, Mlle Richelle, gouvernante.

MM. Froehlich, Menges, Ch. Wurtz, Wirth père, Wirth fils, Weber, A. Wurtz, D. Wurtz, Ch. Knapp, Ch. Dahlinger, Mürsch, Schott, Nahn, J. Vogt, Ch. Matthis, Serge, Schellenberger, M. Sommer, M.Wurtz, J.Geiler, D. Geiler, D. Geyler, J. Weber, cultivateurs à la Robertsau.

E. Kother, G. Mengis, Blind, Dirr, Freytz, Kipfel, Haetig, J. Fuchs, M. Fuchs, membres du conseil presbytéral, etc.

Parmi les deux cent seize invités, plus du tiers était issu de la Robertsau ou de Strasbourg. Une place importante fut réservée aux discours et allocutions particulièrement éclairants sur l'importance de l'événement et sur les personnalités à l'honneur. C'est ainsi que le baron de Bulach, au nom des anciens collègues députés et conseillers généraux, eut, à l'endroit de monsieur de Bussierre, des phrases significatives :

> Comme grand industriel, par son génie des affaires, il a su porter au loin le nom de l'Alsace, qui tenait déjà une place si honorable en Europe, et Graffenstaden est connu aujourd'hui grâce à lui, depuis l'Espagne jusqu'aux extrêmes confins de la Russie. Aux portes de Strasbourg, une contrée entière lui doit sa prospérité ; des milliers d'ouvriers lui sont redevables de leur bien-être et de celui de leur famille. Honneur à monsieur de Bussierre !

Avant le banquet et les discours, la cérémonie commença bien logiquement à midi sonnant par le culte d'action de grâce célébré en allemand par le pasteur Riff. Au moment où, comme il y a cinquante ans, les mariés échangèrent leurs anneaux, l'émotion fut d'une qualité particulière en cette belle et simple église de la Robertsau. Tous les participants furent saisis par ce geste qui illustrait l'union fructueuse et durable de ces deux êtres d'exception. Ils comprirent en même temps, à l'occasion de cette cérémonie, la nature des liens affectifs que les Bussierre-Pourtalès entretenaient avec ce « village » de Strasbourg. Leurs racines étaient à la Robertsau.

Au moment du cortège qui conduisit les invités à l'église, les maisons étaient pavoisées sur tout le chemin et les Robertsauviens saluaient en agitant leurs mouchoirs ou criaient des vivats comme pour une victoire collective.

Des arcs de triomphe en fleurs jalonnaient le parcours. Les cloches des deux églises sonnaient à toute volée. Des jeunes gens en costume folklorique de maraîchers, coiffes colorées, robes traditionnelles, chapeaux enrubannés, précédaient des cavaliers et une trentaine de voitures d'invités.

La solennité de la fête était impressionnante au point que, dans l'après-midi lors de son discours, William de la Rive, ce vieil ami d'Edmond de Pourtalès, se montra particulièrement inspiré. Il livra un beau morceau d'éloquence :

> Un fait m'a frappé ce matin et vous a sans doute frappé avec moi. Tous, nous avons vu aujourd'hui une foule émue et sympathique se presser sur notre chemin, entrant dans l'église, participer de cœur à la fête joyeuse et solennelle que nous célébrons, et venir apporter à monsieur et madame de Bussierre le témoignage de son respect et de son affection. En d'autres temps, on aurait pu croire que ce témoignage du respect et de l'affection d'une population tout entière s'adressait peut-être à l'homme dont la situation politique et l'influence étaient considérables. Maintenant il en est autrement… c'est à l'homme privé que ses compatriotes rendent un hommage spontané, désintéressé et unanime.

Le bilan du banquet se passe de commentaires : après un repas d'anthologie, on fuma mille cinq cents cigares ! La bière et le vin, bien naturellement, coulèrent à flots. Les distractions de l'esprit ne furent pas négligées puisque des charades, des pièces de théâtre, des poèmes originaux furent présentés en allemand et en français. L'orphéon de la Robertsau accompagna par ses chants et sa musique les festivités religieuses aussi bien que civiles. Le ciel lui aussi s'était manifesté par un mémorable orage, un de ces orages de juin qui bouscula quelque peu l'ordre des festivités.

Mais de mémoire de Robertsauvien, on n'avait jamais vu une fête aussi éclatante. Elle suscita un fort sentiment de fierté collective car chacun sentit bien, mieux qu'au quotidien, combien grâce aux Bussierre-Pourtalès, sa Robertsau comptait à travers l'Europe.

Pour commémorer la manifestation et pour qu'en subsiste une trace durable, les services de la Monnaie de Paris firent frapper une médaille en l'honneur de leur ancien directeur. La pièce, fort belle, ravit les collectionneurs à cause de son extrême rareté. Il n'y eut que quelques exemplaires en or destinés aux enfants des deux jubilaires, d'autres en argent pour les proches parents, les plus nombreuses en bronze pour les amis.

Parmi les photos-souvenirs de ces journées de juin 1875 figure la sortie de l'église, après la cérémonie. On y voit la place, véritable centre du village, noire de monde. Les cavaliers du cortège forment une haie d'honneur, les carrosses sont apprêtés et, tout autour, les Robertsauviens endimanchés célèbrent par leur présence les héros du jour.

Au début de la rue, on discerne un immense marronnier là où seront construits plus tard les bains municipaux (l'actuelle bibliothèque du quartier). En face, les premières maisons offrent au regard leur colombage d'origine aujourd'hui recouvert de crépis.

Une sorte de sentiment d'unanimité se dégage de cette image fétiche : tous-unis-autour-de-l'église-au-milieu-du-village, pourrait-on penser de manière plaisante. En dépassant l'événement qui a suscité cette photo et en le transcendant, on pourrait y voir dans toute sa force le symbole de la Robertsau heureuse.

*L'Allemagne en Alsace*

Pendant ce temps, l'Allemagne continuait à s'installer en Alsace.

Son opposition, le courant protestataire, loin de s'éteindre, trouvait dans cette nouvelle donne des raisons et des moyens de poursuivre fortement son combat. Jacques Kablé en était la figure de proue et dès qu'il se présenta aux élections en 1878, les Strasbourgeois lui témoignèrent leur confiance pour en faire leur député. Ils la lui renouvelèrent de manière constante, jusqu'à sa mort en 1887.

Il est vrai qu'un grand nombre d'Alsaciens de tous milieux et de toutes conditions espéraient fortement un renversement de tendance, un retour de fortune politique, un sursaut de la France. On était très loin des réalités en ce domaine, mais le rêve correspondait à tant de vœux secrets qu'on était en droit de l'entretenir. D'Autriche, où elle compatissait si fortement et si sincèrement au sort de l'Alsace, Pauline écrivait le 20 juin 1871 : « La France se relèvera plus vite qu'on ne le pense et il se passe de drôles de choses en Allemagne ! Patience ! Patience ! Je ne crois pas que je serais aussi abattue que vous l'êtes... » Le proche avenir ne viendra pas concrétiser les prédictions que formulait alors l'amie autrichienne et, avec elle, tant d'Alsaciens au fond de leur cœur.

En 1873, Lauth, premier magistrat de Strasbourg, nourrissait lui aussi de solides espoirs et ne se gênait pas pour le dire à haute voix et le répéter en maintes occasions. Il souhaitait un rapide retour de l'Alsace à la France. Les autorités prussiennes n'appréciaient guère. Elles réagirent sévèrement et punirent Strasbourg.

On commença par destituer le maire élu, Lauth, en lui substituant un fonctionnaire – le directeur de la police nommé par Berlin. Cette ligne fut maintenue pendant treize ans, privant la ville de toute élection municipale. Ce fut dorénavant le Reich qui nommerait les magistrats municipaux et qui gèrerait directement Strasbourg.

Le pouvoir allemand était convaincu que pour réussir une immigration massive d'Allemands en Alsace était nécessaire. Il fallait opérer greffe et transfusion.

Strasbourg se situait alors en pleine zone de turbulences annonciatrices de profonds bouleversements. L'émigration lui aura enlevé en 1872 près de 6% de sa population d'origine, soit près de cinq mille Strasbourgeois. Consciemment et volontairement, ils avaient opté pour la France et quittèrent leur Alsace la mort dans l'âme. Beaucoup d'autres partiront, eux aussi, sans se soumettre aux démarches administratives imposées pour le choix officiel.

L'option était une déclaration à caractère juridique et politique découlant du traité de Francfort qui annonçait l'intention de l'optant de choisir la France. Elle ne signifiait pas obligatoirement le départ. Sur 159 740 optants déclarés, 110 000 ne partiront pas en réalité, mais tous avaient pris date publiquement en annonçant leur volonté française et ce vœu solennel était suffisamment clair.

Le jour fatidique de l'exode, le 30 septembre 1872, vit s'en aller environ cinquante mille Alsaciens et Lorrains. Au cours des années qui suivirent et jusqu'après 1905, des dizaines de milliers d'autres quitteront eux aussi l'Alsace allemande.

Il est sans nul doute difficile de porter un jugement sur la qualité des émigrés. Furent-ils les meilleurs des Alsaciens comme certains aiment à l'imaginer aujourd'hui ? Ce qui paraît évident, c'est que les hommes et les femmes qui décidèrent de partir avec leurs bagages, leurs quelques meubles et la terre d'Alsace à leurs semelles, étaient gens de caractère. Ils étaient allés au bout de leur choix et de leur vision sociale, culturelle et politique. Il leur aura fallu du courage, de l'esprit de décision et de la volonté pour s'arracher ainsi du sol natal par fidélité à leurs idées. Sous cet aspect, en la privant de leurs qualités, ils auront sans nul doute manqué à notre province.

Il y avait là un vide à combler, on s'emploiera à le faire rapidement. D'une part, les autorités mirent en route une importante immigration allemande qui amena en Alsace militaires et fonctionnaires de toute catégorie. D'autre part, on incita à venir en ville un grand nombre d'habitants des campagnes d'Alsace et de Lorraine. Déjà à cette époque, l'exode rural était une réalité, l'attrait de la grande ville produisait ses effets.

L'activité économique, et donc les emplois, allaient se développer là où s'effectuerait la reconstruction. Strasbourg était couvert de ruines. Quelque quatre cents maisons avaient été détruites par les bombes. Il fallait rebâtir ! On refit un nouveau visage à la ville.

Les Allemands décidèrent de profiter de la situation pour faire de Strasbourg une grande capitale du Reich. Des plans de construction ambitieux furent conçus, qui concernaient en premier lieu le redressement des ruines. Certaines furent reconstruites à l'identique. Ce fut le cas de l'hôtel Klinglin qui devint la résidence des futurs Statthälter (aujourd'hui hôtel du préfet) ou encore du théâtre municipal.

En revanche, l'architecture ancienne du Temple Neuf qui abritait la bibliothèque fut oubliée. L'architecte Salomon y prévoyait une rupture et commença, en 1873, la réalisation d'un bâtiment très différent, de type néo-roman, massif et fort peu inspiré.

Le palais du Rhin, l'actuelle place de la République, le palais universitaire, l'église Saint-Paul, et l'ensemble de l'axe avenue des Vosges – avenue de la Forêt-Noire, furent délibérément conçus par l'administration allemande dans le but de doter Strasbourg de l'ampleur urbaine digne d'une grande capitale régionale du Reich et susceptible de magnifier ses fonctions politiques et militaires nouvelles.

Quelques années plus tard, on s'attaqua au quartier de la rue du 22-Novembre. Il s'agissait là d'une opération spectaculaire et audacieuse appelée « la grande percée ».

Les historiens ont émis des jugements divers sur cette saignée moderniste qui démolira une partie non négligeable du vieux Strasbourg.

La Robertsau, quant à elle, connut une évolution douce. À côté des activités agricoles classiques, le maraîchage y fut confirmé et se renforça. Vers la fin du siècle, on comptait de cent trente à cent quarante exploitations maraîchères réparties à travers le quartier. L'industrialisation ne s'y développait que très modérément. Quelques gros artisans étaient déjà implantés là : fabrique de drap, de toile cirée, de bougies, de papiers peints et de colle. Aucune grande entreprise industrielle n'avait jeté son dévolu sur ce quartier qui semblait quelque peu enclavé entre les cours d'eau, trop à l'écart des voies de communications.

C'est en 1876, à l'emplacement d'un ancien moulin, que fut créée la papeterie de la Robertsau spécialisée dans le papier de qualité à partir de chiffon. Elle avait une dimension respectable et constitua en fait la première grande entreprise du quartier. Autour d'elle fut créé un lotissement de maisonnettes destinées aux ouvriers de l'entreprise, qui étaient environ trois cents vers la fin du siècle.

Les activités économiques classiques ne furent pas les seules à s'exprimer au village ; les guinguettes, les restaurants-jardins et les cabarets confirmaient sa vocation touristique.

Depuis fort longtemps, la Robertsau constituait un but de promenades dominicales pour les Strasbourgeois qui y trouvaient la détente et le dépaysement recherchés.

L'attrait du « village » n'avait jamais échappé aux familles fortunées qui en avaient fait un lieu de prédilection pour leurs résidences secondaires, dans le sillage des Bussierre. Il y eut ainsi un nombre non négligeable d'importantes propriétés et de vastes domaines, comme ceux des Contades, Turckheim, Gervase, Lambrecht, Renaudot, Grau, Rasun, et d'autres encore. La très grande majorité fut transformée et changea de nature au cours des années.

La propriété des Contades fit place à l'hospice Lovisa, celle de Lambrecht fut transformée en jardins maraîchers avant d'accueillir la clinique Sainte-Anne. Le domaine Bussierre-Pourtalès seul, conserva son intégrité pendant si longtemps. On constate par conséquent que les évolutions radicales et rapides qui bouleversèrent alors Strasbourg ne touchèrent pas la Robertsau qui conserva ses caractéristiques de village et de lieu d'agrément avec ses allées aux arbres anciens, ses cultures et ses champs, ses vastes domaines et sa forêt.

Le pouvoir allemand en Alsace était alors incarné par les Statthälter, représentants directs de l'empereur dans le

Reichsland. Le premier d'entre eux, de 1879 à 1884, fut le maréchal von Manteufel, figure charismatique au passé militaire glorieux. On pourrait le qualifier de « réactionnaire éclairé », inconstant dans ses décisions et dont la diplomatie était assez fluctuante. Ses cinq années d'administration en Alsace ne laissèrent pas le souvenir d'une brillante réussite.

Le prince Clovis de Hohenlohe-Schillingsfurst lui succéda en 1884 pour dix ans. Il sut se montrer plus souple que le maréchal et sembla vouloir mieux comprendre les complexités alsaciennes de cette période difficile ; c'était un modéré en quelque sorte doublé d'un habile et fin manœuvrier.

À son entrée en fonction, quatorze longues années venaient de s'écouler depuis le cataclysme de 1870. Tous ceux qui espéraient tant et misaient sur un départ rapide des Allemands en furent pour leurs frais. Aucun ne se découragea vraiment, mais ils comprirent peu à peu qu'une attitude totalement inflexible fondée sur le refus systématique finissait par n'être plus payante. Et il fallait vivre après tout…

Au château de la Robertsau, la vie se poursuivait selon les mêmes rythmes, mais rien ne fut plus tout à fait comme avant. Les événements avaient impitoyablement infléchi le cours de choses. On était bel et bien en terre allemande. On en tira les leçons et l'on décréta secrètement, avec toute la prudence qui convenait à ce moment-là, que cette demeure serait avant toute chose le lieu du culte de la fidélité au souvenir du Second Empire, à la France et aux amis anciens.

Il ne s'agissait pas, bien entendu, d'y faire régner la rancœur et la haine permanentes. C'eût été bien vain et surtout très stérile. Il fallait, par conséquent, se montrer urbain et diplomate, intelligent et persévérant. Une visite ou une invitation rendue ne signifiait ni renonciation ni capitulation.

Le Statthalter, prince de Hohenlohe, eut ainsi l'occasion avec son épouse de se rendre l'une ou l'autre fois au château chez la comtesse de Pourtalès. En compagnie d'hôtes choisis, on s'efforçait avec délicatesse de faire comprendre à ce

Prussien évolué et tolérant que l'Alsace ne pourrait jamais plier pour se renier.

Pauline de Metternich, quant à elle, fidèle à ses engagements bouillonnants et passionnels, évitait soigneusement de rencontrer le moindre représentant du pouvoir prussien… sauf si ses devoirs d'amitié ou les obligations de ses fonctions ne lui permettaient pas d'y échapper. Or, comme elle était souvent à la Robertsau chez ses amis d'Alsace, le devoir d'amitié imposait ce type de sacrifice.

Des Statthälter comme le prince de Hohenlohe accomplissaient leurs missions avec tout le sens du devoir que l'on peut supposer à des Prussiens. Toutefois c'était l'Alsace qu'ils allaient prendre en charge, l'Alsace à la douceur de vivre universellement réputée, l'Alsace à laquelle rêvait chaque Germain comme une sorte de paradis du sud… L'Alsace dont on aurait eu tort de sous-estimer l'influence, le génie, l'esprit ambiant et la force de séduction. À plus forte raison sur des intellectuels humanistes, fussent-ils membres de la nomenclatura wilhelmienne…

Après tout, il n'était pas interdit ni impossible de succomber à l'Alsace. Les charmes du château de la Robertsau et de son exceptionnelle hôtesse allaient jouer en ce sens.

Le prince-Statthalter, à force de fréquenter les gens d'Alsace, comprit assez vite qu'une attitude autoritariste ne pouvait conduire qu'à des impasses. Il eut donc recours à la ruse et débloqua la situation politique en amorçant le dialogue avec toutes les composantes de la vie publique locale, y compris avec Jacques Kablé. Toutefois, il ne céda en rien et ne se laissa guère aller à des concessions de fond.

Pour l'anecdote, on raconte que von Hohenlohe, qui devint chancelier après son poste en Alsace, rédigeait ses *Mémoires* à l'insu de tous. Cinq ans après sa mort, un éditeur chercha à les publier. C'était en 1905. L'ouvrage allait être explosif. Non seulement les jugements sur Guillaume II étaient sévères, mais encore certaines révélations et certaines affirmations auraient été de nature « à mettre le feu aux poudres en Europe ». À Paris les journaux furent d'une grande violence à l'encontre de ces écrits, au point que le fils du Statthalter, alors en poste à Colmar, entreprit des démarches à la Robertsau. Il alla prier la comtesse de Pourtalès d'user de son influence auprès des milieux de la presse en France pour calmer les éditorialistes. *Le Temps* jugea cet incident et ces démarches suffisamment intéressantes pour dépêcher à la Robertsau un de ses jeunes journalistes, André Tardieu. Il enquêta sur place, rencontra Mélanie qui joua les bons offices et se débrouilla pour que l'affaire s'arrange tant bien que mal. Mélanie jugea de manière fort flatteuse le tout jeune rédacteur. Elle écrivit en effet à l'une de ses correspondantes : « Ce jeune Tardieu est remarquable, il ira loin ! Ambitieux aussi… »

### *Au château de la Robertsau, la France en Allemagne*

Au cours des décennies qui suivirent l'année de tous les bouleversements, Mélanie joua de manière admirable son rôle d'hôtesse de l'Europe, fidèle à une certaine idée des relations entre les hommes et les nations. Alsacienne, elle savait le prix de la tolérance, elle connaissait la relativité des situations politiques, elle restait attachée au message culturel et humaniste de la France. La Robertsau demeura une sorte de rendez-vous obligé et recherché des visiteurs de marque de l'Europe. Dorénavant il s'ajoutait entre eux un lien supplémentaire qui était la condamnation de l'impérialisme prussien. Beaucoup de ceux qui faisaient escale à la Robertsau prétextaient de manière amusée qu'ils voulaient « échapper aux lits allemands ».

– Vous venez de France ? demanda un jour le grand-duc de Bade au vicomte d'Harcourt.

– Oui, nous venons de la Robertsau, répondit son interlocuteur.

Une foule de personnages célèbres défila au château au cours de ces longues années. La chasse était naturellement un des puissants prétextes à leur déplacement en Alsace, mais la personnalité de la maîtresse de maison, à elle seule, constituait un attrait suffisant, sans compter la qualité de son accueil.

À tout seigneur tout honneur, le prince Napoléon était un véritable habitué tant il vint souvent. Une de ses sorties préférées consistait alors à visiter, à Strasbourg, l'exceptionnelle collection d'uniformes et de trophées du Premier Empire qu'avait rassemblée et que bichonnait le célèbre Fritz Kieffer, francophile à tous crins.

La tendance monarchiste elle aussi venait manifester sa présence en cette enclave préservée : le duc d'Orléans et son frère le duc de Montpensier ont séjourné au château. La couronne d'Angleterre n'était pas absente avec le duc d'Edimbourg, qui vouait une amitié admirative à Mélanie. L'Autriche, avec les fidèles Metternich, mais aussi le ministre Beust, le comte Goluchowski, qui avait épousé une princesse Murat et qui devint ministre des Affaires étrangères, ainsi que de Khevenmuller, futur ambassadeur à Paris. La Russie venait faire honneur à la Robertsau, incarnée par les grands-ducs Michel et Paul, la grande-duchesse Marie Pavlovna, les Bariatinski, la comtesse Kleinmichel de Saint-Petersbourg, et la comtesse Orlov. Les fidèles amis de Suisse, monsieur Tronchin du château de Bessinge, haut lieu de culture patrimoniale et son beau-frère William de la Rive. Il y avait enfin des amis personnels de Belgique et des Pays-Bas.

La noblesse et la haute société n'étaient pas seules à témoigner leur attachement à la France en même temps que leur considération aux Bussierre-Pourtalès. Les parents de Mélanie, sans doute à l'occasion de leurs noces d'or, cinq ans après l'annexion, reçurent cette lettre touchante :

> Monsieur et madame baron de Bussierre,
> Il n'est question ici que de votre nouveau bonheur. Tout en parle de nuit et de jour, du plus grand jusqu'au plus petit, et

> qui ne savent comment témoigner leur gratitude, pour les nombreux bienfaits qu'une main protectrice leur a prodigués. Permettez donc, monsieur et madame la baronne, qu'une jeune fille se mêle au concert de la joie publique et qu'elle adresse à Dieu de ferventes prières pour la conservation de vos jours et la prospérité de toute votre famille. Veuillez croire… au respect de Sarah Dreyfuss, rue du Jeu des Enfants 45, Strasbourg.

L'intérêt de cette lettre réside aussi dans la qualité du papier sur lequel, au milieu d'un riche gaufrage de fleurs et d'arabesques se trouve un médaillon en couleur reproduisant la jeune Alsacienne en costume régional de Henner. Le nœud est orné d'une cocarde tricolore et au-dessus d'elle se trouve cette inscription : « Elle attend ».

Ce symbole de l'attente allait être cultivé par Mélanie de Pourtalès en toutes circonstances et c'est sans la moindre prudence qu'elle militait pour la France. En 1876, elle rassembla la société chorale Union de la Robertsau qui venait si souvent chanter au château lors de grandes occasions et qui avait notamment réjoui les hôtes des noces d'or un an plus tôt. Mélanie avait alors promis de lui offrir une bannière. Elle organisa à cette occasion une petite cérémonie et prononça une allocution émouvante et sans équivoque :

> Vous, messieurs, vous représentiez l'harmonie à cette fête joyeuse. Mais bientôt vous me faisiez entendre que si l'accord parfait régnait entre vous, quelque chose manquait pourtant encore, le signe de ralliement, la bannière qui doit flotter gaiement en tête de vos cortèges. Vous vous souvenez de la promesse que je vous fis alors, je la réalise aujourd'hui et, en vous offrant le drapeau, mes pensées s'envolent naturellement vers une autre bannière, celle que je n'ai pas besoin de nommer pour être comprise par tous, celle que l'Alsace suit de loin, les larmes aux yeux, mais l'espoir dans le cœur. Je bois à celle-ci, ensuite à vous tous ici présents et aux harmonieuses victoires de la société chorale de la Robertsau.

On n'imagine pas qu'elle ait pu prononcer un discours aussi engagé si ses interlocuteurs n'avaient pas partagé ses sentiments. Cette scène constitue un témoignage clair sur les sentiments francophiles des Robertsauviens que la comtesse entretenait avec bonheur.

Mélanie tenait par-dessus tout à maintenir et à développer des relations privilégiées avec la « vieille France », en accueillant à la Robertsau tous ses anciens amis.

Comme elle se déplaçait fréquemment pour aller séjourner à Paris ou à Cannes, elle constituait et symbolisait en quelque sorte un lien vivant. Ici et là, elle recevait beaucoup et incitait en même temps ses hôtes à la rejoindre en Alsace.

Ces rencontres et ces réceptions avaient maintenant une signification nouvelle. Qui, en effet, pouvait occulter ou dissiper autour de la table parisienne de la prestigieuse Alsacienne les nuages oppressants qui se dessinaient en forme de provinces perdues ?

En tout état de cause, la grande rupture avait eu des effets définitifs sur les consciences et les plaisirs avaient changé de nature. La fête parisienne et ses mille frivolités étaient à jamais enfuies. Les belles du Second Empire ne subsistaient plus qu'à l'état de souvenir fascinant. C'est ainsi que la Castiglione, que l'on appelait aussi « la divine Nicchia » et qui, selon Loliée, fut « la seule peut-être, à la cour de Napoléon III, à surpasser en beauté madame de Pourtalès… car il n'y avait pas deux Castiglione », connut des revers de destin cruels. Elle n'était pas seule.

Mélanie fut donc considérée, à juste titre, comme « une des rares privilégiées de son cercle brillant qui n'eût point à ressentir en sa condition personnelle et indépendante, les éclats de la catastrophe. »

La fortune familiale et la brillante situation d'Edmond lui assuraient une transition tranquille d'un régime à l'autre, d'un État à l'autre. Quels que fussent donc les coups du sort et leur perversité, la richesse permit d'adoucir de manière bien confortable les troubles idéologiques. C'est dorénavant une vie de plaisirs calmes et tempérés, orientée par son engagement en faveur de la France, qui conduisait tout doucement la belle comtesse vers ses caps et ses destinées. Rue Tronchet dans son superbe salon rouge, les toiles de Rembrandt, Bronzino, van Dick, Franz Hals, Le Nain, Le Moroni, ainsi que des primitifs, virent défiler les altesses au cours de nombreuses réceptions et de dîners de prestige. Les arts ne furent jamais totalement absents, ni les préoccupations patriotiques, dès qu'il s'agissait de l'Alsace.

*« Venez donc à la Robertsau »*

Mélanie plaida la cause avec constance.

« Le sort de l'Alsace ? » Pour le comprendre, quel meilleur moyen que d'aller là-bas ? Venir à Strasbourg, c'était venir en terre de mission. Elle développa cette argumentation auprès de ses amis et de tous ceux qui jouissaient de quelque influence : qu'ils viennent chez elle à la Robertsau !

Par là, elle commençait une véritable action pédagogique et participait de manière informelle mais efficace à cette politique de fond que d'autres intitulèrent officiellement « l'Alliance française ». Faire connaître la réalité de la situation de l'Alsace à ceux qui ne pouvaient en avoir qu'une image d'Épinal, maintenir un lien avec la France, garder vivant l'esprit de fidélité, restaient des objectifs majeurs pour la comtesse.

La Robertsau eut ainsi la visite d'académiciens comme d'Haussonville, Melchior de Vogüé, Albert de Mun, Costa de Beauregard, Gabriel Hanoteaux. Les modèles dont Proust s'inspira pour la duchesse de Guermantes, les comtesses de Grefhulle et de Chevigné, se rendirent, elles aussi, à la Robertsau. Maurice Barrès, André Hallays, Paul Bourget, Francis Charmes, le directeur de *la Revue des Deux Mondes*, le byzantiniste célèbre et membre de l'Institut Gustave Schlumberger, Juliette Adam la passionaria, fréquentèrent ainsi le château de la comtesse alsacienne.

Tout cela n'allait pas de soi et pour tant de beau monde, il fallait maîtriser une technique de la réception parfaite ainsi qu'un sens de l'organisation à toute épreuve. Fidèle à la tradition familiale, Mélanie excella en ces domaines et développa un véritable art de l'accueil.

S'il faut en croire la duchesse de Guermantes, qui, dans *Sodome et Gomorrhe*, se plaignait de la société très mêlée qu'on rencontrait chez telle princesse, « c'était beaucoup mieux arrangé chez Mélanie de Pourtalès ; elle peut avoir le saint synode et le temple de l'Oratoire, si ça lui plaît, mais au moins, elle ne nous fait pas venir ces jours-là. »

Réunir des personnalités diverses ne se fait jamais au petit bonheur la chance, surtout à un tel niveau de mondanité. Il fallait déployer beaucoup de tact et respecter certaines règles fondamentales de bienséance.

Était-il exact néanmoins, comme le relatait dans *La Joyeuse enfance de la III<sup>e</sup> République*, une certaine Gyp, redoutable femme de lettres qui s'abritait sous ce pseudonyme, que les réceptions de Mélanie servaient de références huppées au point d'effrayer les invitées en panne de toilettes ? Elle rapporte notamment cette scène :

> Le lendemain de notre arrivée, mon oncle dit à ma mère :
> – La reine veut vous voir toutes les deux, alors il faut que je vous conduise là-bas !...
> Il aimait sa famille, mais il n'aimait pas à s'en encombrer. La perspective de nous traîner à Coblentz n'était pas pour lui plaire, d'autant plus qu'il avait fait venir ma mère pour l'aider à classer une série de papiers des Mémoires de Talleyrand et qu'il eût voulu travailler.
> – Je n'ai pas… – objecte ma mère – de robe assez habillée pour aller à la cour…
> L'oncle explique :
> – C'est simplement la vie de château, et la vie de château moins élégante qu'à la Robertsau, par exemple… (la Robertsau, c'était le château des Pourtalès, en Alsace.)
> Puis il conclut :

– Ça n'a rien d'une cour !...
Je remarque bêtement :
– Ah ! tant mieux !...
Je pensais à Frohsdorf où j'étais allée l'été précédent avec mon père. Mais ma mère – qui ignorait ce voyage – s'étonna :
– Pourquoi dis-tu ça ?... Tu ne sais pas ce que c'est qu'une cour...

Balivernes mondaines inspirées par la jalousie, sans nul doute, que ce genre de jugements superficiels, car si les réceptions et les rencontres de la Robertsau étaient réputées à travers toute l'Europe pour leur brillance, chacun connaissait le sens de la mesure de Mélanie. On savait bien, de surcroît, que les invitations au château en Alsace se faisaient dorénavant au service d'une cause.

Ce ne fut pas uniquement au premier degré que Reynaldo Hahn, auteur de *Ciboulette*, inscrivit dans le livre d'or la belle phrase : « Ici, la réalité semble composée de rêves. »

En ambassadrice talentueuse et efficace elle plaidait ainsi de la meilleure manière en faveur de son Alsace. Au moment même où le Reich poursuivait et amplifiait sa politique d'assimilation et de germanisation en profondeur, la Robertsau accrut auprès de tous les milieux intellectuels sa réputation d'enclave française en territoire de conquête prussienne.

C'est évidemment par l'intermédiaire de la langue que les Allemands cherchèrent à asseoir leur domination. L'allemand devint langue officielle et obligatoire pour l'administration, l'enseignement, et la vie courante en général. Les nombreux immigrés venus d'Allemagne jouèrent le rôle puissant d'auxiliaires actifs en faveur de cette politique. C'est eux qui déclenchèrent les campagnes consistant à reprocher aux Alsaciens de continuer à parler un dialecte appauvrissant !

Quant au bilinguisme, et donc au maintien de la langue française, il ne saurait que jeter le trouble et semer la confusion intellectuelle dans les esprits et plus particulièrement dans ceux des jeunes d'âge scolaire. Telle fut la thèse allemande officielle. C'est celle qui fut appliquée.

Dès lors, Mélanie qui ne s'exprimait qu'en français, qui maîtrisait l'allemand de manière parfaite, eut grand plaisir à parler le dialecte alsacien. Robert Redslob raconte :

> La comtesse, elle aussi, aimait beaucoup les *Robertsauer,* et elle parlait leur langue. Personne ne savait l'alsacien mieux qu'elle, je veux dire le vieil alsacien authentique de nos aïeux. Un jour on servit à table une magnifique pièce de bœuf. « Seuls sont dignes d'en goûter, dit la châtelaine, ceux de mes hôtes qui en savent le joli nom alsacien ». Il y eut un silence embarrassé. Mais le docteur Goguel sortit le mot magique : « *Iwwer zwerchi Waddelrüeb.* » La comtesse rayonna. Elle lui passa le plus beau morceau.

À cette époque, elle se promenait souvent avec ses proches parents et amis à travers le pays d'Alsace. Elle visitait bourgs et villages pour y rencontrer ses compatriotes et, par jour de messti, après les récoltes, elle aimait participer à l'esprit de fête qui régnait un peu partout. On tentait de cette manière d'oublier les épreuves et le climat politique ambiant.

Edmond de Pourtalès relate dans *Saisons d'Alsace* :

> La comtesse était heureuse au milieu de ces villages en fête où elle était reçue comme une souveraine. Elle s'exclamait en son parfait dialecte : *Was e glick! Jetz sin mer under uns. Do treffe mer kenn « fremdi » di tröje gar net komme.* (Quel bonheur ! Nous voilà entre nous. Ici on ne rencontre pas « les autres ».) Non, « les autres » n'étaient pas invités et redoutaient les quolibets.

C'est bien la langue qui constitua l'objet de la bataille. Les Prussiens estimèrent que c'était sur ce terrain qu'il fallait mener l'offensive, elle devait être le ciment de l'assimilation. Développer fortement, obligatoirement, l'allemand comme langue unitaire allait constituer un moyen de s'imposer aux yeux des Alsaciens de la campagne. Forme écrite et académique du dialecte alsacien, l'allemand était pour ainsi dire chez lui. Il n'avait pas à s'imposer comme une langue étrangère qu'un colonisateur venu d'ailleurs aurait artificiellement imposée. Voilà quel fut le raisonnement des autorités prussiennes.

Dans les milieux populaires, cette politique finit par porter ses fruits. Après quarante années d'annexion, les familles qui restèrent fidèles au français furent très peu nombreuses et celles qui continuaient à le parler un peu comme on entretient une arme de la Résistance, n'étaient pas légion.

Les enseignants allemands ne se faisaient d'ailleurs guère de souci à ce propos, estimant que la bataille était gagnée. La présence d'Allemands de souche de plus en plus nombreux consolidait cette situation de prédominance.

Si, en 1875, les immigrés allemands constituaient 20% de la population totale de Strasbourg (18 788 sur 94 306), en 1910 ils représentaient 39%, (60 774 sur 178 891). Sur le plan linguistique, les choses se déroulaient donc plutôt bien pour l'annexion allemande.

De retour chez elle à la Robertsau, après ses expéditions rurales, Mélanie organisait des rencontres culturelles et des soirées théâtrales françaises. Ses souvenirs personnels du théâtre et son amour pour cet art l'incitaient à développer des représentations dramatiques qui étaient autant de célébrations de la langue française. En 1887, on donna au château *Le Testament de Madame Patural*, petite pièce plaisante à écho patriotique où l'on évoquait les batailles napoléoniennes.

C'est en cette même année que son père, le baron de Bussierre, s'éteignit à Paris, à l'âge de quatre-vingt-trois ans. Sa disparition causa à Mélanie une grande douleur. Les liens familiaux avaient été de tout temps exceptionnellement affectueux, chaleureux et respectueux; Mélanie vénérait son père à qui elle devait tant.

En 1905, le futur président de la République française Paul Doumer se rendit à Strasbourg pour y donner une conférence sur « les colonisations des peuples depuis les temps les plus reculés ». Le thème permettait toutes les interprétations.

En compagnie du docteur Pierre Bucher et d'André Lichtenberger, il rendit visite à la comtesse de Pourtalès chez qui il passa une journée au château de la Robertsau. Les discussions tournaient bien évidemment autour des problèmes posés par l'assimilation allemande et de la résistance culturelle française en Alsace. Sur ce plan quelques personnalités éminentes avaient fait connaître leurs positions.

L'infatigable Pierre Bucher, qui avait épousé la fille d'un industriel de la Robertsau, Amélie Hael, déployait toute son énergie à entretenir la flamme de la fidélité à la France, entouré par un cénacle très actif. Son opinion et ses convictions avaient été renforcées au contact des milieux intellectuels qu'il fréquentait assidûment. Il était l'ami de Barrès, Lavisse, Édouard Schuré, André Hallays.

Édouard Schuré, dont l'importance littéraire était reconnue en ce début de siècle avec la publication des *Grands Initiés*, refusa de retourner en Alsace allemande et développa sur ce plan une position de rigueur et d'intransigeance qui eut naturellement un grand écho.

L'universitaire et historien Rodolphe Reuss qui s'était toujours exprimé en langue allemande, ne pardonna jamais aux Prussiens le bombardement et la destruction de la bibliothèque de Strasbourg. Il écrivit dorénavant en français. Ces deux figures illustres n'étaient bien évidemment pas des cas isolés.

En 1904, Pierre Bucher fonda le musée alsacien de Strasbourg avec ses confrères les docteurs Ferdinand et Léon Dollinger. La vocation première de cette initiative était, naturellement, de présenter la richesse des arts et traditions populaires d'Alsace. Ce faisant, on affirmait de manière claire et argumentée la culture et la personnalité singulières d'une province sous domination, que l'envahisseur cherchait à banaliser en une germanisation sommaire. Il ne s'agissait donc ni plus ni moins que de résistance par le truchement de la culture populaire. La mise en valeur des particularités de l'Alsace et de ses racines favorisait ainsi une large prise de conscience de sa propre force. La coiffe alsacienne, le fameux nœud auquel on allait ajouter bientôt une cocarde tricolore, symbolisait déjà la volonté de s'émanciper du joug et la nostalgie de la France que l'on attendait pour l'en libérer.

Paul Doumer avait beaucoup écouté Mélanie, Bucher et ses amis. A son retour il emporta les convictions que ce petit cénacle francophile lui avait fait partager sur l'état de l'Alsace allemande. Il se montra fort impressionné par la comtesse et ses conversations robertsauviennes, au point qu'il évoqua sa visite avec son ami le général Lyautey à qui il écrivit en Algérie. Le général aussitôt adressa à Mélanie deux cahiers des textes de ses récits militaires, avec une très belle lettre où il expliquait que l'un de ses écrits relatait « cette belle chevauchée de mes jeunes officiers qui fait vibrer votre cœur de vaillante française. Vous verrez que par ici, loin des misères métropolitaines, il y a encore une génération qui croit aux nobles choses que vous avez connues et aimées dans les temps glorieux. »

Il faut dire que Mélanie avait rencontré Lyautey l'année précédente, chez des amis communs et qu'elle s'était montrée fascinée par les aventures de bivouac que racontait alors ce baroudeur qui, au demeurant, savait apprécier à sa juste valeur l'aristocratique compagnie des femmes d'esprit.

La Robertsau ne désemplissait pas. Des visiteurs de tous horizons se rendaient au château. Les amis y étaient sacrés, et la fidélité qu'on leur vouait, une vertu fondamentale. Mélanie déployait avec d'autant plus d'éloquence cette qualité d'accueil si rare, qu'au-delà de son plaisir personnel c'était l'image de l'Alsace qu'elle dispensait ainsi.

Écoutons cet hôte resté anonyme qu'Edmond de Pourtalès fait parler dans *Saisons d'Alsace* :

> Quand je vois Mélanie avec ses académiciens, ses députés protestataires, ses chanoinesses, ses poètes et musiciens, ses pasteurs protestants, ses altesses impériales et royales – que sais-je encore – tout cela encadré de ravissantes femmes de la société française, autrichienne, polonaise etc., tout cela évoque plutôt pour moi une survivance d'une petite cour du XVIII$^{e}$ siècle attardée à notre époque, cette disparité harmonisée par l'art secret et indéfinissable qui fut celui des salons français.

Une petite cour, voilà en effet, comment on pouvait qualifier le château de la Robertsau à cette époque, mais plutôt à la mode des Tuileries qu'elle connaissait si bien et où, trente ans auparavant, Mélanie avait tant brillé. Aujourd'hui, en Alsace, c'était à son tour de jouer le premier rôle, d'être l'initiatrice des séjours et la reine des lieux, en illustrant la pérennité française en cette terre allemande. Elle avait d'ailleurs, chevillée au corps, la conviction qu'en agissant ainsi elle défendait sa « petite patrie » tout entière, en son unicité et sa cohésion. Non pas une Alsace contre une autre Alsace, mais une Alsace qu'elle souhaitait réconciliée avec elle-même. Les réalités, hélas, seront plus contrariantes que le beau rêve de l'union sacrée.

Après la mort de son père le destin lui enlève son époux, en 1895. Edmond s'éteignit à Cannes.

> 23 février. Sa Majesté l'impératrice Eugénie est venue du Cap-Martin pour prendre des nouvelles d'Edmond.
> Elle est entrée au salon où tous mes enfants, fils, filles et belles-filles se trouvaient réunis avec la marquise de Galliffet et le comte de Saint-Priest. Elle a laissé tout le monde sous le charme de sa bonté et de sa grâce.

Voilà qui en dit long sur la fidélité des engagements de la famille de Pourtalès et en même temps sur les liens d'estime et d'amitié qui l'unissaient à l'impératrice vingt-cinq ans après la disparition du Second Empire. Un mois plus tard, dans le Livre d'or de la villa Saint-Priest :

> Le 23 mars, succombait à Cannes après de longues souffrances, le chef vénéré et aimé de la famille, le comte Edmond de Pourtalès, et s'éteignait dans la paix de notre seigneur, entouré par sa femme et par ses enfants.
> Le 26, ils emmenaient sa dépouille mortelle en Alsace où elle repose, depuis, dans le cimetière de famille de la Robertsau.
> Le 8 avril, madame de Pourtalès quittait la maison de deuil pour accompagner à Biarritz sa fille madame de Berckheim fort souffrante à ce moment.

En 1896, on y trouve ces lignes :

> Madame de Pourtalès, accompagnée par sa cousine, la baronne Berthe de Bussierre, revient pour la quatrième fois dans la triste demeure, le 13 décembre.
> Les bons parents (enfants et proches qui la rejoignirent) par leur tendre affection adoucirent l'amertume de cette première année de si grande douleur.

La mort d'Edmond plongea Mélanie en une profonde affliction qu'elle surmonta avec peine. C'était non seulement un exceptionnel époux qui disparaissait ainsi, mais aussi un capitaine d'industrie de talent et un citoyen qui avait remarquablement servi son pays. Seule, désormais, mais entourée de l'affection agissante de ses enfants, de ses amis et proches, Mélanie continuait à être cette femme de grand rayonnement qu'elle avait toujours été.

*La ferme Bussierre et les agrandissements du château*

Le château de la Robertsau, dont Mélanie était seule propriétaire depuis le décès de son père en 1887, faisait l'objet de toute son attention et de tous ses soins. Elle n'eut de cesse qu'il ne fût embelli, agrandi et toujours plus accueillant. Dès 1859, au cours de la seconde campagne de travaux, son père avait fait réaliser un grand nombre de chambres et de logements de service. Déjà le 24 juillet 1869, Pauline avait écrit de manière pittoresque : « Combien d'invités pouvez-vous héberger ? Il me semble que la Robertsau est en caoutchouc et qu'on peut y fourrer autant de monde que bon vous semble. »

En 1887, un second étage mansardé fut aménagé sur toute la longueur du bâtiment, le toit en tuiles brunes remplacé par des combles élevés et recouverts d'ardoises. Les tourelles qui abritent à chaque extrémité des escaliers à vis datent de cette époque, de même que les avancées vitrées, surmontées d'un petit balcon à l'arrière, et en forme de verrière à l'avant.

La ferme Bussierre à l'allure de grosse demeure fortifiée avait été voulue par le baron dans le but d'améliorer la mise en valeur et le rendement de ses terres agricoles. Le père de Mélanie avait donné mandat à l'architecte nancéien Boltz de lui ériger une ferme modèle. Elle devait être exemplaire tant par son aspect extérieur et l'impression qui allait s'en dégager, que par son agencement intérieur et sa modernité économique.

Boltz se mit au travail et commença par rechercher ce qu'il y avait de mieux à travers l'Europe dans ce genre de réalisations. Il finit par s'inspirer du modèle des grandes fermes hollandaises et construisit en 1876 ce bâtiment singulier à la lisière du parc lui-même, en plein milieu du domaine agricole. Au début du XX^e^ siècle, des élevages d'animaux de basse-cour racés avaient été effectués dans la ferme. Ils furent l'objet du plus vif intérêt de la part des spécialistes de l'aviculture et des curieux de la nature en général.

Aujourd'hui encore cette grande propriété à la silhouette de château-fort en grès rose des Vosges qui se dresse là, en pleine nature rhénane, impressionne et intrigue le promeneur qui ne connaît pas son histoire.

Le domaine Bussierre-Pourtalès était alors considérable. Il avait atteint sa plus grande ampleur et s'étendait sur quelque cinq cents hectares presque tous situés autour du château lui-même. Il comportait les terres de chasse, les exploitations agricoles et le parc d'agrément.

Mélanie se préoccupa essentiellement du confort du château. Elle fit appel à l'architecte Breffendille en lui donnant mission d'agrandir encore le bâtiment tout en le rénovant intégralement. On commença par y installer l'électricité en 1897 puis on ajouta un gros pavillon bas à l'extrémité de l'entrée, en séparant par un mur maçonné le château et le parc de la partie cour et service.

C'est à l'intérieur toutefois que la comtesse apporta le plus d'attention. Elle fit disparaître tout ce qui lui semblait ancien et démodé pour créer un nouveau décor « au goût éclectique alors à la mode : les élégances du XVIIIe siècle français voisinèrent avec le style confortable des manoirs anglais et des maisons hollandaises, et même avec le pittoresque des intérieurs paysans alsaciens » explique Catherine Grodecki qui évoque le caractère précieux du mobilier, des collections de bibelots, de tapis et de tentures rares ornant alors le château et qui sont dispersés depuis bien longtemps.

Cette année 1897, nous relate Mélanie dans *le Livre du château*, « on procéda à des mises en place des boiseries du vieil hôtel de Franck » qui était situé au quai Saint-Nicolas. En 1898, on « reconstitue le salon de mon arrière-grand-mère la baronne de Franck qui, elle-même, l'avait acquis avant la révolution de 1793 du Maréchal de Wormser ». Jusqu'alors subsistait une incertitude sur la provenance de ces boiseries et sur l'origine du salon. Les chercheurs estimaient qu'il pouvait s'agir de l'hôtel d'Andlau, rue de la Nuée-Bleue. Le Livre d'or est très net à ce sujet et c'est la plume de Mélanie elle-même qui précise les choses.

Le luxe du château frappait les visiteurs qui admiraient en particulier la qualité de ce grand salon Louis XVI aux riches boiseries. C'est encore dans le salon que se trouvaient les tableaux célèbres de Mélanie et notamment celui de Winterhalter. Un mobilier ancien de grande valeur décorait ce lieu central : des fauteuils de prix, des commodes anciennes estampillées, des Gobelins et un tapis de la Savonnerie au motif Empire et qui avait appartenu à Talleyrand lui-même.

Dans son plan de réaménagement complet, Mélanie accorda une importance particulière à la salle à manger des enfants qu'elle installa dans le nouveau pavillon. Elle souhaitait que cette pièce fût entièrement vouée au culte de l'Alsace. Un superbe poêle en faïence du XVII$^{e}$, une table de ferme rustique, des escabeaux Renaissance, meublaient la pièce dont l'attrait majeur allait être constitué par des peintures murales commandées spécialement à Spindler. Celui-ci était non seulement un peintre de renom, il était aussi un acteur remarqué de la vie culturelle en Alsace, fondateur du groupe de Saint-Léonard où se côtoyaient des artistes et écrivains. C'est lui surtout qui était à l'origine de la *Revue Alsacienne Illustrée* dont le rôle pour l'Alsace était alors important.

Spindler réalisa deux grandes toiles représentant des scènes paysannes dans le plus pur style de notre folklore. On y voit la campagne robertsauvienne, la cathédrale en arrière-fond et, au premier plan, Mélanie en costume alsacien filant la laine devant son rouet. Un bandeau de textes allemands légende l'image et glorifie la comtesse de Pourtalès.

Cette décoration s'inscrivait dans le mouvement de l'époque qui transposait dans les arts et traditions populaires une volonté d'affirmer la personnalité de l'Alsace et donc de ne pas se confondre avec la germanité ambiante. Mélanie se situait ainsi dans la ligne des créateurs du musée alsacien de Strasbourg et de ses significations. La fileuse, de tous temps, fut un symbole d'attente et de fidélité.

Georges Ritleng, un autre grand nom de la peinture de ce début de siècle, qui fut plus tard directeur de l'école des arts décoratifs de Strasbourg, eut le plaisir de se voir confié par la comtesse la décoration de la Verrerie de Mattstahl. Il a relaté son expérience dans ses Mémoires en décrivant de manière détaillée et pittoresque ses rencontres avec Mélanie. Son texte nous permet de confirmer combien le contact avec le milieu artistique était important pour la châtelaine de la Robertsau.

L'art était également présent dans le parc où l'on avait installé des œuvres allégoriques et de grands vases sculptés, disséminés le long des sentiers et des chemins, pour le plaisir du visiteur en promenade.

*L'affaire des Folies amoureuses*

En ce début de siècle, Mélanie, sexagénaire, ne confondit jamais les rôles ni les situations. A aucun moment elle ne tenta de mimer la jeune première qu'elle fut au temps de ses vingt ans. Sa beauté pourtant demeurait, épanouie, douce et altière. Le charme qui se dégageait de sa présence, continuait à opérer en ne laissant indifférent aucun de ceux qui l'approchaient.

Loliée lui reconnut ce rare privilège :

> L'hiver des ans lui garda des clémences infinies. Son sourire avait à peine changé. Il y a des roses qui tombent feuille à feuille. En vérité, lorsque la Fortune vint à elle, au matin de sa vie, accompagnée du plus riant des cortèges, la capricieuse déesse avait tardé bien longtemps à remonter sur sa roue.

Cette grâce de la Fortune, Mélanie l'exerçait clairement au service de ce qui était devenu pour elle, chaque jour davantage, une ardente obligation.

L'annexion progressait, l'Allemagne marquait des points, le temps jouait en sa faveur. Moins que jamais, la France devait être absente, moins que jamais l'Alsace devait renoncer à sa personnalité. C'est, évidemment, par les arts et surtout le théâtre, qu'il les fallait affirmer.

Après *Le Testament de Madame Patural*, Mélanie y revint, en dialecte cette fois. Gustave Stoskopf en personne vint régler la mise en scène de sa pièce *A Mordsaffär* qui fut donnée dans le salon blanc et or. Il interpréta lui-même, après le spectacle, quelques sketches désopilants devant le public ravi que

Mélanie avait choisi. Les gens de maison se trouvaient parmi les spectateurs, et l'on imagine leur joie d'Alsaciens du cru de voir ainsi mise à l'honneur leur langue de tous les jours.

Ce fut un soir de fête et toute l'assistance improvisa un beau bal où l'on dansa de joie. « Un succès fou », nota la maîtresse de maison dans son Livre d'or.

Cet épisode eut lieu en 1909, la même année où Albert Schweitzer vint lui aussi à la Robertsau. Il y rencontra l'organiste et compositeur Charles Marie Widor. Un déjeuner eut lieu au château, puis toute la troupe d'amis se rendit à Saint-Guillaume pour faire répéter la chorale qu'Albert Schweitzer avait créée avec Ernest Munch. Widor prêta son concours pour approfondir le travail, dans la perspective d'un grand concert qui allait avoir lieu à la salle Gaveau à Paris.

La journée fut inoubliable selon Widor qui consigna son enthousiasme dans le Livre d'or de la Robertsau.

Trois années plus tard, en 1911, dans la même ligne, un événement de grande dimension eut lieu au château. On y donna une représentation des *Folies amoureuses* de Regnard, auteur de comédies du XVIII^e^ siècle qui écrivit pour les théâtres italien et français et dont les pièces les plus réputées furent *Le Joueur* et *Le Légataire Universel*.

La pièce était interprétée par les comédiens de la société dramatique de Strasbourg qui avaient demandé à la comtesse de leur offrir l'hospitalité de ses lieux « féeriques » et particulièrement adaptés pour un tel spectacle.

Trop heureuse de l'aubaine, Mélanie joua sans réserve son rôle de mécène et de protectrice des arts. L'affaire n'était pas sans risques, c'est pourquoi, sans doute, avec un sens aigu des relations publiques, elle souhaita donner à cet événement l'éclat « publicitaire » qu'il méritait.

La presse parisienne fut informée. *L'Illustration* dépêcha à la Robertsau un envoyé spécial qui rédigea un compte rendu original et engagé, fort bien mis en évidence dans les pages de la revue :

> En Alsace, tout prend un sens spécial. Non seulement les hommes politiques alsaciens-lorrains, depuis que leur demande d'autonomie a été repoussée et qu'une réforme constitutionnelle allemande dérisoire et louche leur a été imposée malgré leur résistance acharnée, se groupent et organisent la lutte contre les Allemands qui viennent de se montrer une fois de plus hostiles, implacables et sans générosité.
> La société d'élite venue pour applaudir *Les Folies amoureuses* ne fut pas déçue. Le cadre de la Robertsau avec son château tout blanc aux lignes de grès rose, entouré de son beau parc, ajoutait singulièrement aux qualités de la comédie. Et dans cette Alsace qui ose faire face à son puissant oppresseur, il me semblait – vision subjective – que, tout à coup, sous l'action soudaine de cette magicienne qu'Albert Sorel appelait la « force des choses », les vers écrits il y a deux siècles chantaient le drame alsacien commencé il y a quarante ans.

Suivent les extraits :

> Je veux m'affranchir du pouvoir d'un jaloux ;
> J'ai trop longtemps langui dans son cruel empire ;
> Je lève enfin le masque ; et, quoi qu'il puisse dire
> Je veux, sans nul égard, lui montrer désormais
> Comme je prétends vivre et combien je le hais. (...)
> Tu ne sais pas quel est mon caractère,
> Quand on impose un joug à mon humeur contraire.

Le journaliste commente, plein d'emphase :

> Qu'il s'agisse de liberté d'une femme ou de liberté d'une nation, la lutte n'est guère différente ; les moyens et les comparaisons se présentent semblables.

Puis il cite :

> Qu'il me tarde déjà d'être au champ de la gloire !
> D'aller aux ennemis arracher la victoire !
> Que de veuves en deuil ! Que d'amantes en pleurs !

Enfants, suivez-moi ; ranimez vos ardeurs.
Je vois dans vos regards briller votre courage.
La baïonnette au bout du fusil ! Ferme ! Bon !
Frappez ! Serrez vos rangs ! Percez cet escadron !
Les coquins n'oseraient soutenir notre vue.
Ah ! marauds, vous fuyez ! Non, point de quartier ! Tue !

Le rédacteur poursuit, mélangeant effets poétiques et appels à l'insurrection :

> Le parc était plein partout, dans ses allées, sous ses vieux arbres, devant le château, des délicieux tableaux formés par les acteurs et les figurants qui, groupés au hasard de leur rencontres, faisaient inconsciemment du Watteau vivant…
> Le même jour, à la même heure, à Strasbourg, le parti le plus important des partis de la terre d'Empire, sur les conseils et à l'instigation des Wetterlé, des Delsor, des Hauss, était réuni pour s'adapter aux circonstances nouvelles.

Un tel article, un tel compte rendu, ne pouvaient être considérés par les pangermanistes autrement que comme une provocation et donc une déclaration de guerre ! Le choix de la pièce lui-même n'avait pas été innocent. Cette nouvelle incartade ne faisait que s'ajouter à toutes les provocations anti-Reich qui avaient lieu en permanence dans ce château en alourdissant son passif. Cette fois-ci l'affaire était grave et fut considérée comme inadmissible pour le pouvoir allemand.

L'opinion publique pangermaniste se mit en branle et se déchaîna contre la comtesse et ses extravagances provocatrices. La *Rheinisch-Westfälische Zeitung* sonna la charge. Selon cette feuille, il ne pouvait plus être question de tolérer davantage ce genre de frasques. Le journal entraîna dans son sillage tout ce que l'une et l'autre rive du Rhin comptaient de fanatisme germanique. L'objectif était de faire taire l'impertinente. Après tout elle évoluait en terre allemande. On devait exiger d'elle un minimum de discrétion. C'est ce que l'on demanda impérativement au Statthalter de lui faire comprendre.

AMS

Maraîchers robertsauviens, par Henri Bacher,
pour l'affiche de la foire de la Robertsau de 1923

Celui-ci, le comte von Wedel, venait d'arriver et avait été nommé en Alsace en 1907 dans le but d'une reprise en main. La *Central Correspondenz*, bien informée, estimait que l'une des raisons de sa nomination résidait dans le fait qu'il était militaire de carrière, à la différence de ses prédécesseurs. On attendait donc qu'il mette au pas de manière définitive l'Alsace et les Alsaciens.

Décidément depuis trente-sept ans, pour Berlin, les choses ne se passaient pas pour le mieux en Alsace. Il ne cessait d'y avoir des accrocs dans l'assimilation, surtout dans les milieux bourgeois et intellectuels. Le pouvoir en était toujours aux mêmes conjectures, et il devenait urgent et nécessaire de manifester une autorité nouvelle. L'affaire des *Folies amoureuses* constituait une occasion rêvée pour l'exercer en réduisant au silence la comtesse de Pourtalès.

Von Wedel commença par envoyer à la Robertsau une lettre non équivoque. Il y exprimait sa déception de Statthalter face à l'attitude de la comtesse et rappelait son obligation de maintenir la ligne officielle du Reich allemand en Alsace. C'était un rappel disciplinaire quasiment militaire assorti de menaces à peine voilées.

Mélanie répondit sur l'heure en exposant qu'elle était « seule maîtresse chez elle ». Si elle tenait à honorer les lettres françaises, personne ne saurait l'en empêcher. Une réaction pleine de panache mais une position difficile à tenir ! En effet, l'autorité officielle riposta de manière immédiate en lui confisquant ses chasses.

Elle devint personnage « douteux, à surveiller de près ». La police eut ordre d'ouvrir son courrier. Des agitateurs à la solde du pouvoir déclenchèrent contre elle une très classique campagne d'intimidation à base de lettres anonymes et si la mode n'était pas à ce moment-là aux petits dessins en forme de cercueils, elle n'en reçut pas moins des menaces claires, par exemple : « On va mettre le feu à ta bicoque et à toi avec ».

Dans la manière de traiter les récalcitrants, la carotte le cédait au bâton.

Von Wedel fut chargé de le brandir en Alsace et en tout premier lieu à l'encontre de la comtesse de Pourtalès. Quelques années plus tard, Pauline confirmera dans une de ses lettres : « Wedel est très cassant, mais tout autre Prussien le sera tout autant dès qu'il s'agit d'une concession à faire… »

De concession, il n'y en aura aucune. On tentera bien plutôt de persuader Mélanie d'abandonner la partie. Cette comtesse de plus de soixante-dix ans n'allait pas continuer ainsi à narguer l'empereur de la Grande Allemagne ! Et si, après tout, elle quittait l'Alsace ? On pourrait peut-être l'y aider un peu… L'administration lui proposa d'acheter pour un bon prix son domaine pourvu qu'elle s'en allât. Un bref instant, affaiblie et découragée par une maladie passagère, elle pensa céder. Elle songea à s'installer en Touraine, au château de Cangé, chez son fils Paul. Cela lui garantirait la tranquillité, mais, à la réflexion, la souhaitait-elle vraiment, cette tranquillité ? Éprouvait-elle le moindre besoin de se séparer de la Robertsau ?

La princesse de Sagan et Edmond de La Rochefoucauld lui avaient souvent rendu visite à la Villa Saint-Priest de même que Paul Bourget. L'académicien qui venait de publier son roman *Le disciple*, était devenu un ami de la comtesse et un habitué de ses salons. Ses conseils, sa conversation d'homme de lettres alors en vogue, son engagement aussi, apportaient à Mélanie un appui et un éclairage précieux dans la passe difficile qu'elle allait dorénavant connaître avec les Allemands. Il fut l'un de ceux qui l'incitèrent à réfléchir.

Quitter la Robertsau et se retirer de la partie en Alsace ne pourrait avoir que des résonances douloureuses. Il s'agirait d'un acte majeur grave dans la tradition familiale. Son mari, ses parents, ses proches reposaient au cimetière familial de la Robertsau. Partir équivaudrait à un abandon qui prendrait rapidement l'ampleur d'une tragédie personnelle. Ce serait aussi un échec qui ne passerait pas inaperçu et qui, de ce fait, aurait valeur d'exemple : vendre aux Allemands, leur laisser le château eût été une trahison.

Mélanie passait en revue tous les aspects d'une éventuelle cession de la Robertsau. Elle s'en est beaucoup voulu de s'être attardée à cette idée en un moment de faiblesse. Elle maudissait son médecin de ne pas l'avoir suffisamment revigorée pour échapper à cet égarement dont la seule pensée la culpabilisait.

Quitter les lieux pour la plus grande satisfaction et pour le plaisir de ces intrus, imaginer le château occupé par des Allemands, était donc une perspective définitivement exclue. Quelle intolérable audace de la part de ces Teutons, se dit-elle, en opposant une fin de non-recevoir cinglante à toute proposition d'acquisition de « sa » Robertsau !

Les Allemands ne désarmèrent pas et pour la décourager, comme d'ailleurs tous les réfractaires, ils eurent recours à toutes sortes de stratagèmes dissuasifs, d'interdits et de vexations. Les permis de chasser, par exemple, furent mesurés aux Français qui se rendaient à la Robertsau et même en certaines occasions proprement refusés.

Ces brimades étaient évidemment destinées à dissuader des personnalités culturellement et politiquement influentes de se rendre en Alsace. D'ailleurs s'il le fallait et sans autre forme de procès, on leur en refusait l'accès.

Ce fut le cas en 1913 lorsque l'administration décida soudain de ne plus délivrer de permis de chasse à aucun Français. Le prince Napoléon, pour qui l'on allait faire une exception, renvoya son permis avec un mot personnel à l'empereur Guillaume II. Pas question d'accepter un privilège qui était refusé à n'importe quel autre de ses compatriotes !

### *Stéphanie Wedel, une Suédoise idéaliste*

Von Wedel tentait donc de prendre en main les affaires d'Alsace avec détermination et de manière autoritaire.

Pourtant ce n'est pas sa personnalité ni ses qualités de commandement qui comptèrent beaucoup aux yeux de l'histoire; elle retiendra le nom de von Wedel pour d'autres raisons. Il n'était, après tout, qu'un haut fonctionnaire en poste dans un Land très convoité.

On raconte, à ce sujet, que Guillaume II évoquait le Statthaltériat d'Alsace-Lorraine comme une sinécure fort recherchée qu'il comparait à du foie gras pour ses gouverneurs, « Gänseleberpastete », aurait-il dit à ce propos, et un commentateur berlinois d'ajouter: « Ce poste de Statthalter est le plus convoité, le plus vivement désiré. Beaux émoluments, pas de risque, guère de travail de détails; existence presque royale. »

Si von Wedel avait été nommé là, c'était sans aucun doute pour ses propres mérites. Ce n'était pas la seule raison ! Une femme allait jouer un rôle de tout premier plan dans cette affectation, son exceptionnelle épouse Stéphanie. L'administration de Berlin avait aussi tablé sur elle pour agir en Alsace.

« On attend beaucoup de l'habileté et du tact de la comtesse de Wedel », écrivait la *Central Correspondenz* de Berlin lors de cette nomination.

Cette séduisante aristocrate suédoise allait dérouter le monde. Fort belle et attirante, elle était surtout femme de grande culture, intelligente, active, talentueuse.

Stéphanie allait déployer son rayonnement selon sa personnalité. Ce faisant, elle allait imprimer à l'Alsace une marque durable. Rien chez elle n'était le fruit de calculs politiques; tout procédait de sa réflexion et de l'élan du cœur. Le sort des déshérités et des enfants malheureux la touchait beaucoup et une telle cause, par exemple, l'intéressait bien davantage que la politique pure. Sa qualité d'épouse du Statthalter lui donnait le pouvoir d'agir; elle le ferait, en ne se sentant d'ailleurs nullement obligée d'épouser toutes les querelles de son mari.

C'est donc dans le domaine social, celui des œuvres de bienfaisance et de charité qu'elle décida de s'exprimer. Bien évidemment, en ce début de XX$^{e}$ siècle, « les œuvres » étaient encore bien plus utiles à un système de santé publique embryonnaire qu'aujourd'hui où elles subsistent pourtant fort présentes et nombreuses.

Pour commencer, elle décida de s'occuper des enfants souffrant de malformation osseuse et ceux que l'on appelait alors les rachitiques. Elle créa l'hospice du Neuhof, achevé en 1914 et appelé depuis hôpital Stéphanie. C'est elle seule qui fut à l'origine de cette belle institution destinée à soigner des milliers d'enfants. Sur le plan médical, il s'agissait d'une véritable innovation.

C'est elle aussi qui créa en Alsace le premier refuge pour animaux abandonnés, le Tierheim, ancêtre de la Société protectrice des animaux qui était alors inconnue dans notre province.

Stéphanie s'était éprise de l'Alsace. Elle chercha à comprendre les secrets de l'âme alsacienne en y réussissant mieux que quiconque. Elle s'assigna comme objectif d'apaiser la douleur lancinante d'une région qui vivait encore sous le coup du traumatisme de sa déchirure. Elle y consacrerait tout son tact et son savoir-faire. Française de culture et d'esprit, allemande de langue et d'origine, alsacienne d'aspiration, telle lui semblait la situation de cette terre riveraine du Rhin, autour de 1910. Femme du Statthalter, Stéphanie devait bien évidemment accorder une importance prioritaire aux Allemands d'Alsace. Elle avait aussi pour mission de conforter tous les autres dans leur docilité au régime. Quant aux francophiles, il fallait les réduire ou, dans son cas, les séduire. C'est bien ce qu'elle fera mais il n'y aura dans sa démarche ni duplicité ni arrière-pensée.

Son objectif était la réconciliation de l'Alsace. Elle y réussissait mieux que prévu avec les Alsaciens et les francophiles, mais son art de la diplomatie était aux antipodes de l'épaisseur prussienne.

Chaque geste d'amitié à l'égard d'une persona non grata déclenchait des vagues de méfiance et de protestations des pangermanistes. On alla jusqu'à espionner ses conversations et surveiller ses allées et venues. « Je n'ai que trois amis dans le palais, mon mari et deux Suédois de mon personnel », s'exclamait-elle, triste et pleine de désillusion.

Les méthodes n'étaient pas nouvelles. Mélanie et ses amis les connaissaient bien, mais il faut dire que les Prussiens n'y étaient pas allés par quatre chemins en mettant sous surveillance la femme de leur propre Statthalter. C'est bien ce genre de mœurs, fondées sur la délation, la dénonciation, la surveillance réciproque, qui allait être érigé en système, quelques décennies plus tard, sous un autre régime !

L'abbé Wetterlé, député protestataire, a décrit cette femme remarquable : « Suédoise idéaliste, que le destin avait égarée dans un milieu de grossiers hobereaux. Tous les Alsaciens qui l'ont connue étaient frappés du contraste qui s'affirmait entre cette nature fine et délicate et son entourage de fonctionnaires massifs et envieux. »

L'abbé, pourtant parlementaire, avait été jeté en prison à Colmar en février 1910 pour délit d'expression. Il avait parlé en termes jugés injurieux du célèbre Professor Gneisse, directeur du lycée de Colmar, qui n'était autre que le modèle réel de la caricature de Hansi du professeur Knatschke. Derrière les barreaux, Wetterlé ne put évidemment participer à une réception officielle de la comtesse von Wedel au palais impérial. Il y avait été invité en sa qualité de parlementaire mais les services du protocole avaient oublié sa situation d'incarcéré. Or, à cette réception, chaque convive se voyait traditionnellement offrir un petit cadeau en guise de souvenir. Il s'agissait cette fois d'un étui à allumettes.

Avec une délicatesse et, sans doute, un suprême sens de la séduction, Stéphanie envoya au parlementaire dans sa cellule « son » étui à allumettes, celui qu'il n'avait pu retirer personnellement. Il s'agissait d'un objet en argent orné des armoiries de la comtesse, qu'accompagnait une superbe gerbe de fleurs. Un petit billet y était joint : « Si vous voulez une satisfaction passagère, vengez-vous. Si vous voulez une satisfaction durable, pardonnez ! »

La muflerie prussienne ne pouvait évidemment permettre la compréhension de ce geste délicat, intelligent et trop hermétique pour la mentalité teutonne. La grosse artillerie se mit en marche. Les premiers tirs furent déclenchés par l'ineffable *Rheinisch-Westfälische Zeitung* qui accusa madame de Wedel de pactiser avec l'ennemi et de nourrir des sentiments dangereusement français !

L'incident prit de l'ampleur, il faillit provoquer une crise ministérielle et le chancelier demanda un rapport circonstancié destiné à l'empereur lui-même. Le Statthalter ne resta en place que de manière miraculeuse.

Un journal suisse, *Le Matin de Lausanne*, publia le 5 mars 1910 un article intitulé : « Les crimes de la comtesse de Wedel ». On pouvait y lire ces lignes étonnantes :

> Pas d'avanie ni d'injure qui ait été épargnée à la noble dame, du côté teuton. On a été jusqu'à lui envoyer des lettres anonymes de menaces. Et voici qu'aujourd'hui, dans la presse d'outre-Rhin, les délateurs dressent sa fiche comme on établit le casier judiciaire d'un criminel.

Suit l'énumération de la *Rheinisch-Westfälische Zeitung* :

> – La comtesse de Wedel s'est fait faire des cartes de visite en français
> – Chaque fois qu'elle organise des fêtes publiques, elle fait réciter ou chanter des morceaux en français
> – Elle offre des *five o'clock* où elle invite des Français
> – Elle a invité à des bals officiels la comtesse de Pourtalès, dont le mari fut fait prisonnier en 1870 par les Prussiens
> – Elle a envoyé un étui à allumettes à l'abbé Wetterlé tandis qu'il purgeait deux mois de prison.

Le journal, en conclusion, somme l'empereur Guillaume de débarrasser l'Alsace de son Statthalter et de sa traîtresse d'épouse :

Pour nous, nous souhaiterions la victoire des goujats et des mouchards du pangermanisme, et qu'on rappelât le Statthalter ; car si jamais l'Alsace pouvait être germanisée, elle le serait par les Wedel, tandis que les Gneisse et tous les rédacteurs de la *Rheinisch-Westfälische Zeitung* travaillent magnifiquement à rendre impérissables le souvenir et le regret de la France. Nous les payerions qu'ils n'agiraient pas mieux.

La zélée feuille allemande confirmait donc que la fréquentation de la comtesse de Pourtalès était aux yeux du pouvoir assimilable à un délit politique, un crime contre la bienséance et les bonnes mœurs officielles. Le Statthalter n'était pas au bout de ses peines avec la rebelle Robertsauvienne !

Stéphanie, quant à elle, appréciait cette femme de caractère et de convictions. Toutes deux se voyaient souvent, à la Robertsau ou en ville. Elles correspondaient tout aussi souvent, évoquant les actions charitables qu'elles mettaient en œuvre et qui permettaient à leurs chemins de se croiser.

Strasbourg, 1er mars 1911

Adorable comtesse,
De même qu'à une souveraine, et vous l'êtes du plus grand empire puisque vous régnez sur les cœurs, je viens vous demander, non pas une audience, hélas, mais de bien vouloir avoir la grande bonté de lire ces quelques lignes avec indulgence.
C'est notre destin, vous de belle et riche dame d'accorder des grâces, moi de maigre cadichon d'en solliciter !
Envoyez-moi quelques francs pour mon Kruppelheim futur, chère comtesse !
Il se glisse encore une supplique entre ces lignes, ne me trouvez pas trop indiscrète, mais pardonnez-moi et ayez un brin d'amitié pour votre si reconnaissante et dévouée,
Stéphanie Wedel

Mélanie apporta bien volontiers sa contribution à la construction de l'hospice du Neuhof, et trois mois plus tard, une belle et simple carte postale lui parvint dont le recto nous montre la photo de Stéphanie, entourée d'une auréole de roses, en « Protektorin des Vereins Els. Lothr. Rosenfreunde » et datée de l'exposition de Saverne de juin à octobre 1911.

> Adorable comtesse,
> J'ai déjà 200 000 marks pour mon Kruppelheim !
> J'espère que vous vous portez bien et au revoir à cet automne, votre très dévouée Stéphanie Wedel

L'année suivante on se rendit les politesses, et Stéphanie, en date du 3 décembre 1912, écrira :

> Adorabile Contessa !
> Je rentre à l'instant de chez les Furstenberg et vous prie d'excuser le festina lente que j'ai mis à vous offrir ma modeste obole pour la petite crèche que vous voulez créer. Vous êtes un ange de bonté et toute la troupe céleste va chanter votre éloge à laquelle se joint de tout cœur votre dévouée et bien reconnaissante petite voisine,
> Stéphanie Wedel
> (J'espère que vous êtes parfaitement remise du « mauvais rêve » !)

La dernière phrase, en guise de post-scriptum, est sans nul doute un signe de la complicité de nos deux épistolières de la charité.

Toutes deux avaient également participé à ce grand mouvement qui fit se solidariser les Alsaciens avec les habitants de Paris victimes des terribles inondations de l'hiver 1910. La Seine avait débordé et provoqué des ravages considérables dans les quartiers ouvriers.

Un grand élan de solidarité se mit en place dans la France entière. L'Alsace offrit sa contribution. Un comité de bienfaisance, créé pour la circonstance, décida de donner une soirée au théâtre municipal de Strasbourg, dans le but de recueillir des fonds. Des artistes parisiens de la Comédie-Française et de l'Opéra-Comique proposèrent leur venue bénévole à l'occasion de ce gala de charité.

Les organisateurs étaient bien connus notamment des services de police dont dépendaient les autorisations à accorder. Il s'agissait de l'omniprésent Fritz Kieffer et de ses amis francophiles. On allait donc y regarder à deux fois.

Les consignes officielles continuaient à être de plus en plus défavorables à ce type d'activité « à la limite de la subversion ». Berlin et les pangermanistes fanatiques militaient pour que la plus grande fermeté soit appliquée à l'Alsace. De violentes campagnes étaient menées contre le « régime de tolérance » instauré par les Wedel. Ne parlons pas des manifestations où apparaissait le nom de Pourtalès !

Le directeur de la police opposa donc un refus clair et net à la demande de Fritz Kieffer. L'autorisation d'organiser une soirée en faveur des sinistrés de Paris au théâtre de Strasbourg avec la participation d'artistes français ne serait pas accordée. « Verboten ! »

Allait-on se contenter de ce refus et renoncer à la soirée française qui s'annonçait déjà comme un beau succès ?

Fritz Kieffer connaissait l'ouverture d'esprit de la comtesse von Wedel pour avoir bénéficié de sa compréhension en d'autres circonstances, au moment de l'érection d'un monument aux combattants français à Wissembourg. Il décida de faire appel à son intercession et lui demanda une audience. Stéphanie reçut ses interlocuteurs de manière amicale et attentive. Elle intervint auprès du Statthalter qui accéda à la requête de son épouse. L'autorisation fut accordée et elle eut ainsi le plaisir d'écrire à Fritz Kieffer : « Je suis sûre que, malgré vents et marées, vous obtiendrez un bien beau succès pour le bien des malheureux affamés de Paris. »

L'air se chargeait de signes inquiétants en Europe centrale. Les Balkans étaient en proie à de vives secousses. Les comportements politiques se durcissaient. En Alsace on était particulièrement sensible à ces tensions qui semblaient conduire imperceptiblement et inconsciemment vers la conflagration.

Le 11 janvier 1913, Pauline de Metternich écrivit à Mélanie :

> Je ne vous parle pas de la situation politique ; elle varie avec le baromètre. En somme, personne ne craint plus une conflagration générale mais personne ne saurait répondre d'une rencontre amenée par un incident quelconque, survenant du jour au lendemain entre l'Autriche et la Serbie. L'armée n'aspire qu'à lui faire sentir une bonne raclée, les militaires étant tous enragés. Vous aurez lu dans les journaux les massacres auxquels se sont livrés ces c… de Serbes vis-à-vis des Albanais et j'espère que les sympathies pour ces gredins s'en seront trouvées diminuées. Les assassins du roi Alexandre sont restés dans leur tradition.

Puis, le 18 janvier 1913 :

> La nomination de Poincaré doit vous satisfaire à tous égards.
> La situation dans les Balkans n'est guère réjouissante et les peuples de ces régions se prennent déjà aux cheveux les uns les autres, de sorte qu'on n'entrevoit pas d'apaisement complet d'ici longtemps.
> Avez-vous eu connaissance de l'appel fait par l'Albanie à l'Europe, dans lequel les peuplades de cette contrée étalent les cruautés atroces commises par les Serbes et les massacres qu'ils commettent sans arrêt ? Ils tuent rien que pour tuer. Femmes, enfants, vieillards, tous y passent et cela par milliers !

Toute sérénité semblait s'éloigner du continent et le climat général s'alourdissait. Une fois de plus sous le ciel rhénan s'accumulaient tous les dangers.

La période fut dès lors particulièrement instructive par la qualité des comportements et des caractères qu'elle révélait du côté allemand tout comme chez les francophiles impénitents. Pour autant l'autorité allemande n'allait pas adopter la ligne de conduite brutale et répressive que ses sinistres successeurs allaient mettre en œuvre un demi-siècle plus tard.

Le pouvoir du Reich en Alsace se distinguait surtout par cette difficulté atavique à comprendre les réalités alsaciennes.

Elle se doublait d'une maladresse chronique à laquelle il faut ajouter la proverbiale épaisseur prussienne.

Ce qui caractérisait alors de manière constante les positions de Mélanie de Pourtalès et de son entourage, c'était une fidélité instinctive à la France. Pour ceux qui voyaient se multiplier les tracasseries de toute nature, la France incarnait tout naturellement la plus belle des vertus, celle qui les réunit toutes : l'humanisme.

L'Alsace aspirait à cette respiration nouvelle faite de tolérance, de respect des différences, de vivacité intellectuelle, de créativité, et finalement de cet art de vivre dont elle se sentait privée.

La Suédoise Stéphanie Wedel comprit ces frustrations. Femme du représentant de l'autorité du dominateur en pays dominé, son comportement et son action étaient avant tout inspirés par la générosité. Pour d'autres raisons sans doute que Mélanie, elle estimait, elle aussi, que la France incarnait les valeurs humanistes.

En novembre 1913, à Saverne, le lieutenant von Forstner injuria le drapeau français pendant l'instruction de trois jeunes recrues alsaciennes. Il poursuivit et incita ses hommes à ne pas hésiter à « transpercer de part en part » ces voyous d'Alsaciens (wackes) si l'un d'eux se permettait de les prendre à partie. La population se révolta et manifesta de manière très déterminée contre le lieutenant. Saverne fut alors le théâtre d'incidents à la fois burlesques et dramatiques pendant plus d'un mois. De réaction en riposte, de démonstration en démonstration, les événements connurent une escalade qui les conduisit jusqu'au Reichstag et chez Guillaume II lui-même. Cette tristement célèbre « affaire de Saverne » mit un terme au gouvernement Wedel en Alsace. Il en fut la victime et le bouc émissaire. On le limogea et Stéphanie fut contrainte de s'en aller avec son époux, « de manière fort prématurée », selon ses propres confessions.

Une belle et émouvante cérémonie marqua leur départ d'Alsace, où l'amitié prévalait sur les artifices du protocole. Il s'en dégageait comme un air d'unanimité et lors de la retraite aux flambeaux en présence de nombreuses sociétés alsaciennes, on offrit un immense bouquet de fleurs à la comtesse von Wedel. Il semble bien qu'en ce jour de départ la sympathie de l'Alsace se soit manifestée par delà les considérations nationales, envers une femme que son cœur avait élue. Stéphanie, quant à elle, proclamait avec conviction et nostalgie depuis sa résidence suédoise de Stora Sundby : « J'ai toujours aimé la France… »

En 1940, le jour de sa mort, on découvrit ses dernières volontés. Cette Suédoise francophile, qui avait connu Vienne, Berlin, et tant de capitales attachantes, avait choisi la terre d'Alsace comme dernière demeure. Elle repose au cimetière Sud, au Neuhof, tout à côté de son hôpital.

Le successeur de von Wedel ne pouvait être qu'un homme à poigne. L'objectif qui lui était assigné consistait à obtenir enfin la mise au pas de l'Alsace et cette fois de manière définitive. La comtesse de Pourtalès qui conservait de précieuses relations même à Berlin, réussit à faire entendre sa voix dans le choix de l'homme fort que l'on destinait à notre province. Mais tout cela devint bien futile car l'histoire accéléra son cours.

L'Europe sentait la poudre. La moindre étincelle allait provoquer l'explosion.

La France consciente du danger avait, dès 1913, voté des crédits d'armement mais une fois de plus elle était en retard d'une guerre.

En effet, l'aviation qui allait jouer un rôle décisif en cas de conflit était la grande oubliée des budgets. On fit appel à la souscription publique et la comtesse de Pourtalès offrit un avion à sa patrie. Certes elle en avait les moyens mais encore fallait-il accomplir ce geste patriotique. « Je ne changerai pas ma vieille Lorraine-Dietrich (la voiture automobile de Mélanie qui fut une des premières en Alsace) qui durera bien autant que moi », écrivait-elle.

L'avion, dénommé familièrement cage à poule, fut baptisé du nom du général de Coehorn, le « Bayard alsacien » qui avait illustré la famille quelques décennies plus tôt. Ce fut là le dernier geste public de Mélanie: participer à la défense de la France et, par là même, à la reconquête des provinces perdues.

*« Adieu chère province, chère maison »*

De 1900 à 1914, la comtesse Mélanie comme on l'appelait désormais, passait sa vie entre la rue Tronchet, Schoppenwihr, Cannes, la Verrerie de Mattstahl et la Robertsau. Partout où cela était nécessaire, elle aménageait ses propriétés par des travaux d'extension et de consolidation valorisants. Pauline lui enviait cette capacité d'investir, estimant qu'elle avait elle-même bien plus de difficultés que son amie à rendre somptueuses et attirantes les demeures de son patrimoine.

Mais les biens matériels n'étaient pas seuls à mobiliser son énergie ; au soir de sa vie Mélanie se préoccupait aussi de l'âme. Son église à la Robertsau symbolisait dans sa modestie un point d'ancrage de sa vie spirituelle. Tous les événements essentiels de sa famille, joies et deuils, avaient été célébrés là. La comtesse souhaitait y laisser son empreinte et décida d'offrir en 1910 deux beaux vitraux qui marquaient l'attachement des Bussierre-Pourtalès à leur temple. Dans le chœur on peut ainsi contempler, à droite le baptême du Christ, à gauche la scène de la croix, dominant les armes de la famille avec ces deux épitaphes en allemand: « Dem Gedächtnis des Barons und der Baronnin Alfred Renouard de Bussierre und dem Graf Edmond von Pourtalès in Liebe Gewidmet » (dédié à la mémoire du baron et de la baronne Alfred Renouard de Bussierre et du comte Edmond de Pourtalès) ; « Der Evangelischen Gemeinde Rupprechtsau in treuer Ehrlichkeit Mélanie Gräfin von Pourtalès MDCCCCX » (À la communauté évangélique de la Robertsau en toute fidélité, Mélanie de Pourtalès, 1910)

En parfaite harmonie avec Pauline, elle cultivait ainsi sa vie intérieure, et toutes deux se montraient préoccupées des valeurs de charité et d'amour du prochain. C'est ainsi que dans la bibliothèque de Mélanie se trouvait un beau livre relié pleine peau que lui avait dédicacé la princesse : « Souvenir d'une longue convalescence, votre vieille amie Pauline, Cannes, mars 1912 ». Il s'agit d'un ouvrage de la comtesse d'Haussonville, *La charité à travers les âges*, préfacé par l'archevêque de Paris Léon Adolphe, qui regroupe une série de textes de méditation d'auteurs célèbres comme Bourdaloue, Lacordaire ou encore monseigneur Dupanloup.

« Mesdames, dans l'état opulent où Dieu vous a placées, vous êtes, à le bien prendre, les servantes des pauvres », dit une prédication de Bourdaloue intitulée *Exhortation sur la charité envers les pauvres*, et qui devait sans nul doute inspirer de manière profonde les deux amies.

Entre deux lectures, Mélanie suivait ses travaux à la Verrerie, à Schoppenwihr et à la Robertsau. Elle n'en verra pas tous les résultats. Son fils Jacques écrivit dans le Livre d'or de Mattstahl en 1914 :

> Avant de quitter la Verrerie l'an dernier le 22 octobre, ma mère avait la satisfaction de voir la maison du numéro 43 démolie et la roseraie plantée. Elle partit malade et ne s'est pas remise depuis lors. Après des crises cardiaques répétées, une syncope l'a enlevée à Paris le 5 mai. Combien elle se réjouissait de voir son œuvre terminée ! Cette joie ne lui a pas été donnée…

La comtesse Mélanie eut en revanche le plaisir de voir achevés les travaux de la Robertsau. Le Livre d'or évoque ici, en guise de dernier événement de la fin de l'année 1913, un « petit festin » en l'honneur des ouvriers du chantier.

Au cours des derniers jours de décembre 1913, elle écrivit en quittant l'Alsace:

> Mon cœur est rempli de reconnaissance envers Dieu qui m'a accordé le plaisir de vivre cette année encore de la tendresse de mes enfants, petits-enfants, et de tant de chers amis dans cette Alsace que j'aime de tout mon cœur.
> Adieu… Adieu… Adieu… chère province, chère maison.
> Mélanie

De Vienne où elle résidait, Pauline de Metternich lui adresse le 15 février 1914 une lettre pleine de nostalgie et de prémonition:

> Si mes odieuses pattes ne m'empêchaient pas de circuler combien j'aimerais à revoir Paris, me retrouver dans ce milieu où j'ai passé les plus belles et les plus heureuses années de mon existence. Dans quinze jours et même moins, il y aura dix-neuf ans que le cher Richard m'aura quittée pour toujours et dans un mois à peu près qu'Edmond fermait les yeux à Cannes.
> Ah ! que tout cela est loin et près en même temps.
> Que d'amis nous avons vu disparaître ! Ce matin encore à la messe, en feuilletant mon livre de prières, le mémorandum de Robert de Fitz-James est tombé sous mes yeux. Il aurait cette année-ci quatre-vingts ans.
> Non, voyez-vous cela? L'arbre s'effeuille et comme le disait récemment le cher empereur qui m'a fait l'immense faveur de me recevoir en visite rien que par bonté il y a de cela une quinzaine : « Ne trouvez-vous pas qu'on meurt beaucoup depuis un an ? »
> Oui, on meurt parce que notre génération est arrivée à son déclin.

Le 21 février, sa lettre va à Élisabeth, la fille de Mélanie. Elle s'y montre « mortellement inquiète » pour son amie.

Le 11 mars, à Mélanie: « Je vous serre mille fois dans mes bras. Inutile de vous dire combien je penserai à vous le 23. Dire qu'il va y avoir dix-neuf ans qu'Edmond et Richard sont partis. »

Le 19 avril, à Élisabeth et Agnès :

> Je la vois d'ici, étendue sur son lit de douleur, haletante, attristée, découragée et voulant cependant prendre sur elle et se ressaisir. Je la connais et je sais ce qui se passe en elle. L'adieu à la vie, l'idée de vous quitter, de ne plus revoir ni la Robertsau, ni ses amis, ni tout ce qui lui est cher, tout cela doit passer et repasser dans cette imagination si vive, si ardente, si désireuse de vivre. Car c'est là ce qui la remplit tout entière : rester ici-bas avec ceux qu'elle aime et dont elle se sent aimée. Je n'arrive pas à m'habituer à cette pensée que je ne la reverrai plus, surtout je n'arrive pas à m'en consoler.

Enfin, le 18 mai 1914, Pauline écrit cette lettre désespérée aux enfants de son amie de plus de cinquante ans :

> Je n'arrive pas à croire que je ne reverrai plus ma Chère Aimée Amie. Chaque matin au réveil, je me demande si c'est vrai qu'elle n'est plus de ce monde et cent fois par jour, je me dis : « Il faut que je dise ceci ou cela dans ma prochaine lettre à Mélanie » – C'est une obsession.
> *L'Illustration* m'apporte aujourd'hui des reproductions différentes (de Mélanie) mais dont je ne suis pas satisfaite car elles ne rendent pas sa beauté ni son charme.
> L'idée de ne plus jamais revoir ces endroits aimés tels que la Robertsau, la maison de la rue Tronchet, la Verrerie, me serre le cœur. C'est fini, bien fini de mes chers séjours en Alsace. Je n'y reviendrai plus, c'est sûr, car mes pauvres jambes refusent tout service prolongé.
> De « l'inoubliable », voilà ce qu'elle restera pour moi jusqu'à mon dernier souffle.

Le 21 juin, enfin, ultime lettre à sa fille :

> Je ne m'habitue pas à l'idée qu'elle n'est plus de ce monde, que je ne la reverrai plus, que je n'aurai plus ces délicieuses causeries intimes dans lesquelles nous déversions nos pensées les plus secrètes, nos appréciations, nos désirs, nos regrets, tout, tout enfin ce qui nous tenait à cœur et ce qui nous intéressait. Journellement, il m'arrive à plusieurs

> reprises de me dire : « Qu'en pensera Mélanie, qu'est-ce qu'elle fera en cette circonstance ? » et puis, en entendant de la belle musique, de regretter qu'elle ne l'entende pas en ajoutant en pensée : « Il faut que je lui conseille d'y aller ». C'est une véritable obsession. Je t'assure que j'ai le sentiment qu'une partie de moi-même a disparu. C'est un sentiment tellement douloureux parce qu'on se sent diminué, pire que cela : on se sent abandonné.

Ce soir du 5 mai 1914 qui la vit s'en aller pour toujours sonna douloureusement pour toute une société européenne.

La princesse de Metternich recueillait les condoléances d'Autriche en si grand nombre qu'elle ne savait plus où donner de la tête. « Tu n'imagines pas la quantité de lettres et de dépêches qui m'est arrivée », écrit-elle à Agnès.

Le Tout Paris se pressait au domicile de la rue Tronchet pour rendre un dernier hommage à cette femme qui l'avait illustré de si brillante manière durant de si longues années. Serait-ce avec elle, ce jour-là, que le rideau final est tombé sur « une période brillante et facile », comme l'écrivait son petit-fils Edmond ?

Ce fut le terme d'une période de bouleversements où ricochaient et se croisaient les fastes et les drames. Les traits de l'Europe moderne y prirent naissance avec ce souffle tragique qui allait l'accompagner.

La fête, un instant, sembla y élire domicile. D'Offenbach au Biedermayer, de la valse viennoise à Hortense Schneider, elle s'enflamma de rires et de gais refrains. Cela donnait l'impression d'un écho joyeux qui tentait à contre-temps de couvrir le fracas des bombes et des canons dont les tonnerres se préparaient sur les rives du Rhin.

Mélanie de Pourtalès fut aux premières places de ces deux spectacles qui alternaient, la commedia dell'arte et la tragédie. Parfois même elle y jouait les premiers rôles.

Pour l'Alsace, dont elle avait épousé le sort, sa mort, le 5 mai 1914, marqua une date importante. La guerre éclatait et le retour à la France allait s'amorcer dans le feu du conflit naissant. Elle n'en aura vu ni les terribles engagements ni l'heureuse issue.

*La Robertsau est sa dernière demeure*

La Robertsau se sentit orpheline en ce mois de mai 1914. Sa comtesse Mélanie avait pris une telle place dans son cœur, et sa présence une telle signification, que son deuil fut profond. Aucun de ses habitants ne fut indifférent au choix de la grande dame du Second Empire, patriote, européenne et française, fidèle entre les fidèles, de demeurer à jamais dans le cimetière du village.

Les obsèques eurent lieu le 12 mai dans l'après-midi. Le ciel était sombre et triste et, comme pour accompagner le deuil, la pluie ruisselait sur les rues du village. La foule se pressait aux portes de l'église qui était bondée. Le correspondant du *Journal d'Alsace* s'étonnait, dans son compte rendu :

> Malgré le mauvais temps et qu'il eût plu beaucoup, le nombre des dames était particulièrement grand. On remarquait dans l'assistance des vieux, des très vieilles femmes de cette banlieue de Strasbourg, où madame la comtesse de Pourtalès avait été non pas la châtelaine, mais surtout la bienfaitrice et l'amie.
>
> On remarquait aussi toute la noblesse du pays et des représentants officiels.
>
> Le pasteur Federlin dans son sermon prononcé en allemand rappela quelques souvenirs se rapportant à la vie à la Robertsau de la défunte :
>
> « Il y a cinquante ans, cette même cloche qui sonna tout à l'heure pour ses obsèques, nous fut offerte par le père de madame de Pourtalès, monsieur le baron de Bussierre. Cette cloche reçut le nom de Mélanie. Elle nous appela souvent à l'église, elle sonna lorsque la comtesse présenta son premier fils sur les fonds baptismaux ; aujourd'hui c'est la comtesse qui vous appelle. Avant de mourir elle recommanda qu'on ne parle pas trop d'elle. Elle était modeste, elle n'aimait pas

que l'on vante ses mérites. Sa recommandation nous rend la tâche facile. Combien nous aurions été incomplets s'il nous avait fallu redire tout le bien qu'elle fit autour d'elle, vous dire les qualités merveilleuses de son cœur. Elle fut une aristocrate pas seulement par le nom, par sa richesse, par son attitude, mais aussi par sa vie, sa pensée, sa bonté ! Elle a manifesté le désir de reposer ici, près de ceux qu'elle a aimés, sous la bonne terre d'Alsace, à laquelle elle était demeurée si étroitement attachée, et qui l'attirait jusque dans les dernières années. Son cœur était à la Robertsau ; qu'elle dorme en paix. »

Dans le chœur de l'église, les deux vitraux offerts par le comte et la comtesse de Pourtalès et incrustés à leurs armes, dispensaient à l'assistance une lumière triste.

C'est dans les *Neueste Nachrichten* que l'on trouva, en allemand, la description détaillée du cortège qui se mit en route de l'église au cimetière. En tête, d'un même pas lent, les musiciens de l'harmonie Caecilia de la Robertsau jouaient des marches funèbres, puis, derrière eux, vint le Touring-Club, suivi par les représentants du Cercle des hommes (Männerverein) de l'église catholique et de la Société de gymnastique catholique Alsatia, chacun avec ses drapeaux. En uniformes de couleur vive, les membres de la Société de gymnastique Olympia, puis le chœur des hommes de la chorale Union. Parmi les nombreux drapeaux qui donnaient à ce cortège funèbre toute sa signification solennelle, on remarqua plus particulièrement le précieux oriflamme que la comtesse avait offert à la chorale Union. Vint ensuite le corps des sapeurs pompiers avec leurs casques rutilants, puis l'ensemble du personnel de maison de la défunte comtesse.

La voiture qui portait le cercueil était couverte de nombreuses couronnes et gerbes. De part et d'autre, des sapeurs pompiers formaient une haie d'honneur. Derrière la voiture mortuaire marchaient les enfants et la proche famille puis tous les parents, les représentants de l'aristocratie locale et européenne, les personnalités diverses de la ville et de la région.

Enfin, une foule impressionnante de Robertsauviens venait clôturer le cortège.

Le journaliste des *Neueste Nachrichten* évoqua les qualités de cœur de la défunte et quelques-unes de ses actions charitables. C'est ainsi, rappela-t-il, que chaque année la comtesse organisait un après-midi de fête destiné aux élèves de la classe supérieure de l'école protestante de filles, à l'occasion duquel elle offrait des habits à vingt-cinq enfants défavorisés. Chaque hiver, elle distribuait également aux pauvres du quartier des bons d'achat pour de la viande, du pain et du charbon. Elle apporta son soutien aux sœurs garde-malades et accorda enfin une somme importante pour la création d'un foyer pour l'enfance à la Robertsau.

Une page venait de se tourner définitivement. Madame de Pourtalès qui fit entrer l'histoire en ce faubourg de Strasbourg, s'en allait pour toujours. Au moment de sa disparition, chacun comprit pleinement quelle extraordinaire présence fut la sienne.

Du Second Empire à la Troisième République, de la guerre de 1870 à celle de 1914, de l'Alsace en France à l'Allemagne en Alsace, son destin a jalonné les étapes de la mutation tragique de l'Europe. C'est de son temps, et souvent contre son gré, que s'est façonné le visage de l'Alsace avec ses expressions de douleur et de méfiance, d'espoir et de raison. Elle lui aurait souhaité, sans nul doute, davantage de bonheur tranquille.

Qui, mieux que Mélanie, pouvait avoir compris en ces moments décisifs les doutes de la conscience alsacienne écartelée ?

Comment ne pas avoir senti que, dans son sillage, le domaine de la Robertsau était traversé par le souffle de l'Europe en quête d'une ère de paix fertile, et que c'était là son destin ?

CHAPITRE V

# La Robertsau sans Mélanie

Agnès aura bien compris ce que suggérait le génie du lieu. Dernière fille de Mélanie, née en 1870, elle épousa un aristocrate suisse, le marquis de Loÿs-Chandieu. À la mort de sa mère, c'est elle qui hérita du domaine de la Robertsau.

Dans son esprit, il ne s'agissait pas seulement de continuer à entretenir le domaine, il y avait une mission : prendre en charge toute la succession intellectuelle et culturelle.

Mais pouvait-on succéder à Mélanie ?

Il y a des destins trempés par la singularité du caractère qu'ils portent, d'autres qui prennent un sens dans le courant de l'histoire. Souvent l'événement fait le héros. Mais quand il fait défaut ? Comment agir par temps calme, loin des vents fertiles, sur une scène tranquille ? Comment, surtout, voguer dans le sillage d'une personnalité marquante comme la comtesse de Pourtalès ?

Madame de Loÿs-Chandieu se montra à la hauteur du défi. Il y eut aussi des circonstances ! La guerre, pour commencer. Elle s'y engagea résolument, offrit ses services à la Croix-Rouge et déploya une activité qui fut admirée de tous. On la retrouvera dans les services de soin des endroits les plus périlleux de la ligne de front : Verdun, le Vieil-Armand, la vallée de Wesserling. Les hôpitaux de ces hauts-lieux de guerre purent compter sur son sens de l'organisation et son engagement sans réserve. C'est à son initiative d'ailleurs que fut créé l'hôpital mobile alsacien de Saint-Amarin. A l'issue du conflit ses mérites furent reconnus et récompensés. Madame de Loÿs obtint la Légion d'honneur et la croix de guerre des mains du président Poincaré le 23 janvier 1916. Sa citation rappelle officiellement son rôle d'infirmière-major bénévole d'une formation de l'avant qui fut bombardée. Elle assura personnellement l'évacuation des blessés sous les bombes. C'est elle enfin qui fonda, dirigea et entretint à ses frais cet hôpital mobile.

La fille de Mélanie avait donc ses titres à elle. Sa personnalité suscitait respect et admiration. Ses talents d'organisatrice, son courage et son sens de l'engagement firent d'elle une des rares femmes qui comptaient dans cette fragile société d'après-guerre. Comme tous ceux qui avaient servi intensément sous le fracas des bombes et des canons, qui avaient exercé leur courage confrontés à la mort, elle se sentait quelque peu désorientée au retour des temps de la banalité civile. Le silence des armes entraînait fatalement la remise en place des normes et des règles du quotidien administratif. C'était la décélération. C'était aussi la déception qui succédait à la terrible exaltation des périodes de grands risques où chacun se sentait obligé de mesurer la valeur des choses à l'aune de l'essentiel.

La marquise de Loÿs-Chandieu réfléchit et se remit en cause : quitter les mondanités et se retirer pour vivre en paix, ou servir encore son pays ?

Un pressentiment l'envahit et l'inquiéta soudain : l'Alsace n'avait pas gagné la partie. Rien n'était joué avec la victoire. Des virages essentiels restaient à négocier, il serait trop dangereux de les manquer ! Elle décida de reprendre le flambeau et de s'investir à nouveau. Sa première tâche fut bien évidemment de remettre en état le château et de lui rendre ses fonctions d'accueil. L'occupation et la séquestration avaient provoqué de gros dégâts qu'il fallait réparer. Elle s'y attaqua rapidement et les activités reprirent leurs droits avec la même ampleur et aux mêmes rythmes qu'auparavant.

Agnès sut démontrer que l'art de recevoir, capital de famille, avait été fidèlement cultivé si bien que la vie strasbourgeoise continua de s'exprimer comme avant en ses quartiers campagnards de la Robertsau. Les réceptions se multiplièrent et tous les visiteurs de marque retrouvèrent les chemins du château vers lequel on s'acheminait par l'ancienne Wörthgasse dorénavant rue Mélanie.

On vit à la Robertsau les célébrités de tous les domaines de la vie publique. Des hommes d'État comme Poincaré, des héros militaires comme Joffre ou Lyautey, des comédiens-vedettes comme Réjane, des poètes comme Anna de Noailles, des savants comme Louis de Broglie, bref tout ce qui comptait dans le domaine social, culturel, politique, se rendait à nouveau au château. La tradition instituée par Mélanie était fidèlement poursuivie. Le rythme en était dopé par la période de liesse inouïe qui accompagnait la Libération. On n'en finissait pas de fêter les troupes victorieuses ou les autorités françaises de passage dans ce Strasbourg à nouveau tricolore. Chaque occasion fut prétexte à de grandes déclarations festives sur le drapeau français qui flottait sur la cathédrale. Cette période d'exaltation toucha la moindre société de gymnastique, d'aviculture, de secourisme qui organisa sa fête tricolore à elle. Le château ne désemplissait pas : congrès de Femmes françaises, de Croix-Rouge internationale, d'infirmières bénévoles, d'associations patriotiques diverses, toutes eurent droit à une réception organisée par la marquise de Loÿs-Chandieu. La Robertsau fut en ce sens incontournable tant son hôtesse symbolisait les vertus de la femme française, du courage reconnu et du patriotisme ambiant. Ces grands moments furent aussi l'occasion pour les Robertsauviens de fréquenter davantage le château. Les cortèges des fêtes populaires prenaient de plus en plus fréquemment le chemin du parc où la marquise les recevait. Les fanfares, chorales, enfants des écoles, associations paroissiales et autres sociétés du quartier étaient accueillis avec chaleur et le Livre d'or évoque plus d'une fois la présence de ces voisins ordinaires qui se sentaient presque chez eux au château de la Robertsau.

Derrière les paillettes, les lampions et les cocardes, le contexte avait pourtant bien changé. Le grand rêve s'était accompli, les provinces perdues étaient revenues dans le giron de la mère patrie. Incontestablement l'Alsace était à nouveau française. Officiellement et dans la conscience collective les espoirs de générosité et de tolérance, allaient pouvoir commencer à s'épanouir.

La marquise de Loÿs-Chandieu n'avait dès lors qu'une marge étroite pour s'exprimer puisque les grands problèmes semblaient en voie de règlement et que le rythme des festivités de la Libération allaient fatalement s'amenuiser.

Pourtant tout évoluait rapidement. Il ne resterait pas à la fille de la comtesse de Pourtalès que les mondanités brillantes et futiles comme elle le craignit un moment. Son mauvais pressentiment allait malheureusement se vérifier: la situation de l'Alsace menaçait de se dégrader. Elle se devait d'intervenir mais elle ignorait que le temps lui était compté. En 1930, elle allait trop tôt quitter ce monde, emportée par la maladie. L'histoire, en tout état de cause, ne lui aurait accordé que quelques années pour s'exprimer dans le cadre de la paix retrouvée. Le déclenchement du cataclysme hitlérien était proche.

Très rapidement, Agnès de Loÿs-Chandieu comprit les complexités de la nouvelle situation de l'Alsace pour qui les espoirs français prenaient chaque jour davantage les allures d'une sévère désillusion.

Les Alsaciens avaient attendu la France comme « la princesse des rêves ou la madone aux fresques des murs » ; les Français, quant à eux, se montraient étonnés et déçus face à ces espèces d'étrangers, ces « demi-Allemands ». Quarante-quatre ans de séparation avaient bien modifié les conditions et les possibilités de la compréhension réciproque. La déception s'installa progressivement. On attendait l'humanisme de la France et sa générosité, ce fut, sous prétexte d'unité nationale, un autoritarisme tatillon qui se manifesta. Aucune liberté régionale n'était envisagée ni la moindre compréhension envers une province qui venait de subir deux renversements de situation nationale en un demi-siècle et qui sortait de quarante-huit ans de joug allemand.

Le premier problème qui se posa fut celui de la langue.

En 1919, un Alsacien sur six, seulement, affirmait comprendre le français ; à Strasbourg, un sur trois... On adopta la langue française comme langue unique !

La France était devenue laïque par les lois votées en 1905. Déjà du temps de son engagement français en Alsace allemande, Mélanie ne comprenait pas cette fureur et lorsque la France expulsa les congrégations religieuses et se mit à faire les inventaires, elle affronta difficilement les assauts de ses amis d'Autriche et d'Allemagne.

L'Alsace avait toujours été favorable à la libre expression des religions et du concordat de 1801 (signé entre le pape et Napoléon Ier), c'est pourquoi on y avait d'autant moins compris la laïcisation brutale de la France. Naturellement cette opération était pain béni pour la propagande allemande.

Maintenant que la mère patrie avait retrouvé ses provinces perdues, elle allait se mettre à exercer son autorité. À plus forte raison depuis qu'en 1924 le pouvoir était aux mains du cartel des gauches. Édouard Herriot tenait en effet à « annexer » l'Alsace sur le plan de la laïcité comme sur tous les autres plans. Les promesses formelles qui avaient été faites, de manière solennelle, par les représentants les plus autorisés de l'État semblaient bien lointaines.

La querelle de la langue et de la religion allait tout simplement déclencher une bataille sur les libertés locales, publiques et individuelles. De toute part, en Alsace, s'élevèrent les protestations les plus vives entraînant des manifesta-

COLL. PART

La décade de la Robertsau en juillet 1926.
Devant le château, au premier rang, de gauche à droite : Constantin Photiades, Jean de Pange, Daniel Halévy, Camille Mayran (Mme Hepp), comtesse de Loÿs-Chandieu, comtesse Jean de Pange, Emile Henriot, René Benjamin, Charles du Bos.
Au deuxième rang : Mario Meunier, Pierre Hepp, Jean-Louis Vaudoyer, Gérard Bauër, Edmond Jaloux, Guy de Pourtalès, François Mauriac, François Legris, Simon Lévy

tions de rue massives, des défilés et des cortèges impressionnants. L'Alsace, toutes confessions confondues, se montra unanime et décidée.

De surcroît, dès 1925, se posèrent une foule de problèmes individuels concernant aussi bien les carrières dans la fonction publique que la formation professionnelle, les avancements, les salaires, et enfin les comportements en général, qui mettaient en cause la dignité des Alsaciens.

Oui, c'était bien de la déception qui succédait au formidable élan de novembre 1918, au point que les historiens prendront acte de l'émergence, en 1925, d'une revendication autonomiste, nourrie de la désillusion française. L'affaire était grave et prit des proportions considérables. Partout en Europe on parlait du malaise alsacien qui ne laissa personne indifférent et qui préoccupa gravement ceux qui avaient tant espéré en la France.

Allait-on s'acheminer imperceptiblement vers une rupture ? Réussirait-on à enrayer ce processus de dégradation ? Il semblait indispensable de songer à prendre rapidement des mesures adaptées. Or si le malaise avait des origines politiques et administratives, il n'en était pas moins culturel. C'est sur ce terrain que la marquise de Loÿs-Chandieu décida d'agir et de contribuer à la réflexion. Avec quelques amis fidèles qui ne l'abandonnaient jamais dans le combat des idées et qui jouaient autour d'elle le rôle d'un véritable comité d'inspiration, elle réfléchit à la situation.

Il lui semblait, bien logiquement, que la première démarche à entreprendre devait consister à lutter contre l'incompréhension réciproque qui s'était installée. La France ne comprenait plus grand-chose à l'Alsace dont elle avait conservé l'image d'avant 1870 et qui, au sortir de sa période de tutelle prussienne, attendait de la part de la patrie des droits de l'homme une compréhension affectueuse.

Or c'est bien cela qui devait logiquement inspirer les premiers pas de toute démarche vers la dissipation du malentendu : chercher à comprendre, bien connaître les faits et les hommes. Il fallait donc tenter d'expliquer à la France, celle qui décide, celle qui a le pouvoir, et, si possible, à l'homme de la rue, quelles étaient les réalités alsaciennes.

*La Décade de la Robertsau*

Que faire en 1925 ? Le groupe de madame de Loÿs-Chandieu développa l'idée d'une rencontre d'hommes de lettres. Leur rayonnement et leur influence étaient réels dans les milieux intellectuels mais aussi auprès du public plus large des lecteurs. Un écrivain n'est-il pas un médiateur idéal ? Agnès de Loÿs-Chandieu lança donc un appel à une trentaine d'intellectuels en les invitant à la Robertsau pour tenir un colloque sur « la question alsacienne ». Voici un bref extrait de la lettre qui fut adressée à chacun :

> Vous êtes au courant, Messieurs, du malaise, passager j'en ai la certitude, qui règne actuellement dans nos deux provinces à la suite d'erreurs commises après l'armistice. Il y a beaucoup de choses à dissiper. Je crois qu'un échange de pensées dans tous les domaines de l'esprit et de l'art pourrait être utile lorsqu'il émanera de l'élite intellectuelle de la France.

Une bonne vingtaine d'intellectuels répondirent favorablement en manifestant de l'intérêt pour un sujet aussi délicat. Un tel degré de participation n'était pas mauvais et il permit de nourrir un optimisme initial tout à fait fondé.

C'est ainsi qu'eut lieu du 1er au 9 juillet 1926, la Décade de la Robertsau.

Les participants étaient alors tous de bonne notoriété, écrivains, critiques littéraires, hommes de théâtre, directeurs de revues. On vit donc au château : Daniel Halévy, François Mauriac, François Le Grix, Edmond Jaloux, Émile Henriot,

René Benjamin, Pierre Hepp, Camille Mayran, Gérard Bauer, Jean de Pange, Mario Meunier, Jean-Louis Vaudoyer, Constantin Photiades, Simon Lévy, Guy de Pourtalès.

Cette rencontre de la Robertsau constituait un authentique événement dont le nom symbolique semblait contenir comme une promesse de pérennité. La décade ne demandait qu'à s'inscrire dans le temps pour constituer un rendez-vous annuel de l'élite intellectuelle.

Charles du Bos, critique littéraire, fut le meneur de jeu chargé de veiller à l'équilibre et à la bonne tenue des débats. On invita des personnalités locales de tous milieux, autochtones ou fonctionnaires français, à exposer leurs points de vue et à débattre.

À ce titre les députés Frey, Oberkirch, et le pasteur Altorfer, le préfet du Bas-Rhin Borromée, le recteur d'académie Charléty, les intraitables défenseurs du dialecte et du bilinguisme qu'étaient le chanoine Muller, le professeur Kiené et l'abbé Haegy, dont les sympathies autonomisantes étaient pourtant connues, vinrent plancher avec bien d'autres sur les questions à l'ordre du jour. On déjeunait en commun, on allait se promener dans le parc et sur les sentiers de la forêt du Rhin, par petits groupes d'affinité, tout en discutant fort sérieusement. Il y eut enfin des séances de travail, sous forme de conférences et de débats contradictoires.

Les invités-vedettes parisiens profitèrent de ce séjour, comme le voulait la tradition, pour aller découvrir Strasbourg, sa cathédrale, la Petite-France et ses habitants qui décidément ne pouvaient parler français comme tout le monde ! Une révélation pour beaucoup.

La comtesse de Pange et Camille Mayran (madame Hepp) gardèrent de la décade le souvenir de débats souvent vifs. Il y eut aussi des moments de grande attention, des dialogues passionnants où, à l'évidence, les invités découvraient des aspects tout à fait inédits pour eux de la personnalité de cette région. Il dut y avoir quelques mésententes aussi et mainte prise de bec : avec une sincérité d'où les regrets ne semblaient pas absents, madame de Pange et Camille Mayran se souvenaient aussi que l'incompréhension ne fut pas levée sur des sujets comme la religion et la langue. À l'évidence les choses n'avancèrent guère et l'on resta en pleine théorie. Il semble que ce brillant échantillon de l'élite intellectuelle française faisait un blocage face à certaines analyses. À plus forte raison, les dirigeants administratifs et politiques parisiens qui obéissaient à d'autres lois et à d'autres logiques, n'allaient pas pouvoir intégrer dans leurs raisonnements le moindre particularisme. Être français de cœur et de raison, germain de langue, était tout simplement hérétique et même diabolique aux yeux de l'administration centrale parisienne.

Les membres de la décade avaient entendu souvent leurs interlocuteurs d'Alsace expliquer les raisons et les causes de leur condition par la logique des évolutions de l'histoire. Les particularismes alsaciens : respect d'une certaine autorité des religions, intangibilité du concordat, bilinguisme calme et dépassionné, avaient tous leurs racines dans le passé. Le savoir de manière objective permettait d'expliquer les comportements sans esprit de suspicion.

On eut beaucoup de mal à comprendre que cette province avait besoin d'un statut particulier. L'Alsace avait été l'objet des enjeux guerriers trop fréquents au long des siècles de la part des deux grandes nations voisines. Par leurs disputes mêmes et leurs dominations réciproques, elles contribuèrent à forger sa spécificité et son unicité. Mais l'Alsace avait besoin d'une respiration à elle, ce qui n'empêchait pas son cœur de choisir les traditions françaises. Ce fut incompris. Le cartésianisme est-il de si courte portée qu'il ne puisse intégrer cette raison ?

Il faut croire que oui. En effet, pour l'apprentissage de la langue française les gouvernements de Paris adoptèrent à l'égard des enfants d'Alsace la méthode « directe », uniformément en vigueur sur tout le reste du territoire national. Les résultats furent catastrophiques et certains instituteurs reconnaissaient qu'au bout de six à huit ans de scolarité beaucoup de leurs élèves ne connaissaient bien ni le français ni l'allemand. Ils ne savaient convenablement lire et écrire ni dans l'une ni dans l'autre des deux langues.

C'est une méthode progressive et adaptée à son cas particulier qu'il convenait de mettre au point pour l'Alsace plutôt que celle inspirée par le centralisme autoritariste. Ce qui était bon pour la Touraine ou le Limousin ne l'était pas pour l'Alsace.

Madame de Loÿs, son amie la comtesse de Pange, ainsi que Camille Mayran, tentèrent de faire comprendre aux écrivains réunis à la Robertsau qu'une position aussi intransigeante était en train de provoquer des effets négatifs et une considérable dégradation de la situation. Peine perdue ? Les membres de la décade ne regrettèrent pas leurs débats ni leurs réflexions. Ils avaient le sentiment d'avoir découvert des idées nouvelles.

Toutefois la conclusion officielle de leur rencontre ne fut qu'un très court texte d'une exquise politesse qui semblait constituer le plus petit des consensus possibles :

> Les amis de la Robertsau se réunissent ici pour exprimer à madame la marquise de Loÿs-Chandieu leur reconnaissance pour son hospitalité si cordiale et si généreuse. Ils lui devront d'avoir compris l'Alsace mieux qu'ils ne l'avaient jamais fait jusqu'ici, et tout ce qu'ils accompliront dorénavant dans le sens de cet amour, c'est à elle qu'ils le devront aussi.

Vingt et une signatures furent apposées au bas de ces lignes. On peut se risquer à imaginer que les organisateurs espéraient sans nul doute un texte plus dense, plus argumenté et plus engagé. Avait-on d'ailleurs songé à faire prendre des comptes rendus des séances de discussion ? On aurait aimé pouvoir lire les prises de position de chacun, aller au fond des choses et même se rendre compte que sur certains problèmes les échanges avaient été vifs. En un mot, il manque les actes de ce colloque, une mémoire des débats et, pourquoi pas, un « Appel de la Robertsau ». Quel effet singulier aurait produit le lancement depuis la Robertsau d'un « manifeste culturel » à l'intention des gens du pouvoir ! La force et la qualité littéraires étaient garanties par les signatures qui se trouvaient réunies là. Quant au fond du problème, il s'agissait de permettre la réparation des incompréhensions et, insensiblement, le rapprochement des points de vues dissemblables. L'objectif final devait consister à réaliser la meilleure réintégration possible dans l'orbite de la France d'une province qui venait de vivre quarante-huit ans de joug allemand. Il fallait se rendre compte que près de trois générations de jeunes Alsaciens avaient été allemandes.

Seuls alors des intellectuels pouvaient avoir le courage de la vérité, viser juste, et embrasser la question alsacienne dans toute sa réalité historique et culturelle. Eux seuls pouvaient anticiper et secouer les conformismes. Eux seuls pouvaient l'exprimer avec force.

Le problème était-il trop complexe pour ces amis d'un jour, ou d'une semaine ? Leurs personnalités étaient-elles trop riches et trop diverses pour trouver un dénominateur commun ? Camille Mayran l'écrira plus tard : « Les invités de la marquise de Loÿs-Chandieu rentrèrent chez eux, alourdis de ce problème sur lequel, il faut bien dire, ils n'avaient pas grande prise. »

Pour autant cette rencontre ne constitua pas un coup pour rien ! La marquise de Loÿs-Chandieu venait de créer à la Robertsau un événement unique dans les annales de l'Alsace culturelle. Il s'agissait en réalité d'un salon littéraire de haut niveau par la qualité des participants, dont les implications politiques, au sens le plus noble de ce terme furent d'une grande richesse, mais dont le thème, sans doute, brûlait les consciences.

Mélanie avait réuni autour d'elle, plus souvent qu'à son tour, des pléiades d'écrivains, d'artistes ou de comédiens.

L'objectif consistait alors à maintenir la présence de la culture française. Il faut bien reconnaître qu'en même temps le plaisir informel et le dilettantisme en constituaient un attrait majeur. Avec la décade, sa fille Agnès répondait à un besoin d'intelligence d'une situation pré-conflictuelle.

En tout état de cause, la culture avait été conviée à la Robertsau pour éclairer une question sociale essentielle. Madame de Loÿs avait choisi les lettres et la littérature comme moyen d'action. Il n'était évidemment pas question d'exclure de ce colloque le plaisir intellectuel mais il s'agissait avant tout d'atteindre un objectif bien identifié qui n'était pas placé sous le signe du seul dilettantisme. En admettant que les conclusions en elles-mêmes aient été décevantes, on reconnaîtra que le seul fait que cette rencontre ait eu lieu, à ce moment crucial et en ce coin d'Alsace, constituait un événement important. Dans cet esprit, pensait-on, d'autres décades pourraient se tenir ultérieurement sur d'autres thèmes.

François Mauriac aura l'occasion, près de quarante ans plus tard, de se souvenir dans la revue *Saisons d'Alsace* :

> Ce séjour à la Robertsau m'apparaît à l'horizon de ma vie dans une lumière enchantée, faite des premiers rayons de ma petite gloire personnelle et de cette aurore sur l'Alsace reconquise, sur cette cathédrale de Strasbourg non plus entourée d'obus comme nous le montre l'image noire du *Monde Illustré* de 1870, mais libre, heureuse, indiciblement belle.

François Mauriac, de tous ceux qui au long des siècles évoquèrent la Robertsau, osa seul, avec grand courage, aborder un sujet incontournable : les moustiques !

> Non, aucun de nous ne vit surgir au-dessus du Rhin les signes annonciateurs de ce qui allait devenir notre histoire. J'en vis un, pourtant, que je ne sus interpréter : ces moustiques féroces, les plus féroces que j'aie jamais connus, tout bordelais que je suis, qui me harcelaient au point que je dus renon-

> cer à mes promenades au bord du Rhin. « L'Allemagne n'a pas désarmé », disais-je, en plaisantant, à Guy de Pourtalès…

Au cours des trois années suivantes, l'occasion de réunir la décade ne s'est plus présentée mais en aucune manière madame de Loÿs ne songea à abandonner son combat. Elle souhaita maintenir la flamme à la Robertsau et de préférence par les lettres françaises.

Guy de Pourtalès, écrivain de talent, sera l'un des grands inspirateurs de ces initiatives. Il fréquenta assidûment le château en y séjournant souvent, et de nombreux confrères écrivains vinrent l'y rejoindre. Dans le Livre d'or, on déchiffrera par exemple les signatures de Maurice Bedel, Jacques Chennevière, André Siegfried, André Maurois.

Avec ses amis, madame de Loÿs-Chandieu créa un nouvel événement significatif qui fut une véritable innovation en Alsace : un prix littéraire destiné à récompenser un écrivain s'exprimant en une langue française particulièrement belle. « Le Prix de la Robertsau est fondé par la marquise de Loÿs-Chandieu, en souvenir de sa mère la comtesse Edmond de Pourtalès, pour être attribué chaque année à une œuvre que distingue sa qualité littéraire, scientifique ou sociale. »

Le premier fut décerné le 29 octobre 1929, par « les amis de la Robertsau, à Mario Meunier, pour l'ensemble de ses travaux d'humaniste ». On créa pour les besoins de la cause un comité du prix qui rassembla, en 1925, Gérard Bauer, Maurice Bedel, Jacques Chennevière, Daniel Halévy, François Mauriac, André Maurois et Guy de Pourtalès.

La même année, hélas, disparaissait la marquise de Loÿs-Chandieu et, avec elle, l'énergie nécessaire pour perpétuer tant de projets passionnants et utiles au rayonnement de l'Alsace.

Sa fille aînée, épouse de Hoyos, avait un château en Autriche, ce fut donc à la cadette, madame Maurice Bérard, que revinrent le château et le domaine de la Robertsau.

Sans aucune hésitation, madame Bérard se glissa dans le sillage. Les réceptions se poursuivirent, les personnalités du monde politique et culturel continuèrent à se rendre au château. Maurice Bérard, passionné d'art contemporain, peintre lui-même, contribua à donner à la Robertsau ce cachet culturel qui la marquait depuis si longtemps. Il y fit venir ses amis artistes et écrivains qui apprécièrent des séjours calmes et fertiles en débats créatifs.

Durant ces sept années, de 1931 à 1938, les affaires d'Alsace continuaient à être débattues au château qui abrita des rencontres passionnantes. Les exemples de Mélanie de Pourtalès et de la marquise de Loÿs-Chandieu inspiraient les échanges et par ces souvenirs de nouvelles ardeurs étaient prêtes à éclore en faveur de la province douloureuse.

Mais voici qu'imperceptiblement le ciel rhénan se chargeait une nouvelle fois de signes inquiétants. La prise du pouvoir par les nazis en Allemagne commençait à devenir un sujet de préoccupations tel que toutes les autres questions furent reléguées au second plan. De ce fait, la question linguistique, la religion, l'intégration et, en un mot, la dignité de l'Alsace, s'éclipsèrent à la fois rapidement et artificiellement. Le « malaise alsacien » n'intéressa plus guère à Paris. Les états d'âme et les vraies questions qui s'étaient si fortement exprimés, qui avaient fini par interpeller les responsables parisiens en les contraignant à réagir, furent balayés à l'approche du danger. L'Alsace oublia son malaise. On peut dire que, sur ce plan, Hitler aura rendu à la cause du centralisme parisien les services les plus efficaces et les plus durables.

En 1938, les échos des accords de Munich parvinrent à la Robertsau ; la tension monta de manière sérieuse, les menaces se firent précises, au point que le 24 septembre, Maurice Bérard et ses amis prirent la décision d'évacuer le château et de le fermer.

Madame de Pange, évoquant cet épisode dans ses souvenirs, éprouva le sentiment d'un adieu. S'agissait-il d'un effet littéraire ou d'une prémonition ? L'avenir, hélas, devait lui donner raison. La guerre fut déclenchée, Strasbourg envahi, l'Alsace annexée. La Robertsau connut son lot de tracasseries et de peines, comme chaque quartier des villes, chaque village de la région. « Gasthaus » réservé aux officiers de la Wehrmacht, tel fut le sort du château pendant l'occupation allemande.

À la Libération, ce fut au tour des troupes américaines de prendre possession des lieux. Lorsque la France, pour la seconde fois, a retrouvé l'Alsace qu'elle avait fâcheusement tendance à perdre trop aisément, une ère nouvelle s'ouvrit.

Cette fois, rien ne serait plus comme avant, un tournant décisif venait d'être amorcé. La famille Bérard décida de ne plus réintégrer le château, préférant demeurer épisodiquement dans le bâtiment annexe, appelé familièrement « chalet », et qui le jouxte directement. C'est là qu'on a déposé les meubles, les fresques de Spindler et les autres biens de la famille. Des objets, lettres et documents compromettants furent détruits à cette époque, d'autres disparurent, la plupart heureusement furent sauvés et récupérés par la famille.

### *Le collège de l'Europe libre*

Après la Libération, Maurice Bérard et son épouse prirent de plus en plus de distance par rapport à la Robertsau. Ils accordèrent alors à l'université la jouissance du domaine pour une fort belle cause : l'accueil des étudiants qui avaient quitté les pays d'Europe de l'Est. Maurice Bérard évoque cet épisode dans un témoignage écrit où l'on sent, derrière les explications résignées, un soupçon de mélancolie bien naturel :

> La Robertsau souffrit énormément de la dernière guerre. Le mobilier du château avait été dispersé, les meubles encore sur place très endommagés par les troupes de passage. Ma femme et moi décidâmes que la remise en état représenterait des sacrifices trop importants et que les temps avaient changé. Un monde nouveau était en gestation. Un honorable

> confort succéderait au luxe d'un temps révolu. Ainsi nous acceptâmes volontiers une proposition qui nous était faite par une institution américaine, la Free Europe University de New York. Il s'agissait de créer le collège de l'Europe libre.

Il fut fondé officiellement en novembre 1951 ; son but, selon ses statuts publiés au *Journal Officiel* et approuvés par décret ministériel, était de créer « un centre d'études au château de la Robertsau (Bas-Rhin) pour jeunes gens des deux sexes exilés de leurs pays d'origine et qui ont besoin d'une assistance spéciale pour poursuivre leurs études. » Le collège avait des liens étroits avec la Free Europe University de New York qui était à l'origine de cette politique d'accueil.

On aménagea les bâtiments dans cette optique en 1951, et deux annexes légères furent construites dans le parc, permettant d'héberger en chambres à deux lits quelque cent quatre-vingt-quatre étudiants. Il y eut également des salles de travail et de loisir, créant ainsi des conditions idéales pour de fructueuses études. Une cuisine prit place dans les dépendances ainsi qu'un réfectoire permettant aux nouveaux hôtes du château de se retrouver en commun autour des repas.

Cette organisation fonctionna de manière très satisfaisante entre 1951 et 1955. Les bourses étaient intéressantes et l'internat, fort apprécié, assurait un recrutement régulier d'étudiants qui venaient ainsi habiter au château de la Robertsau.

En 1956, à la suite des événements tragiques de Budapest envahi par les chars russes, cent cinquante étudiants, réfugiés hongrois vinrent poursuivre leurs études à Strasbourg. C'est le collège de la Robertsau qui les accueillit. L'année suivante, toutefois, ils ne furent que quatre-vingts à prendre leur inscription, ce qui posa de sérieux problèmes budgétaires. Les charges étaient lourdes pour si peu de pensionnaires et les crédits se firent plus rares au point que cette généreuse initiative dut s'arrêter en 1958.

Le restaurant universitaire continua à fonctionner, ainsi que les cours d'été. On ne peut que regretter qu'une telle institution exemplaire, qui contribuait à consolider la vocation internationale de notre ville, n'ait pas bénéficié de plus de sollicitude de la part des pouvoirs publics de l'époque.

Aloyse Schang, le directeur du centre régional des œuvres universitaires, qui s'occupa de l'intendance de tant de générations d'étudiants en Alsace, décrivit avec précision dans *Saisons d'Alsace* cet épisode de la vie du château. C'est lui qui géra l'éphémère cité universitaire que le rectorat avait constituée au lendemain du départ des dirigeants américains du collège de l'Europe libre. Elle fonctionna jusqu'en 1967 et en même temps, les Bérard firent don au centre régional des œuvres universitaires de 27 000 $m^2$ de terrain destinés à l'hébergement des étudiants.

Au total, mille étudiants réfugiés profitèrent de ces exceptionnelles conditions de travail grâce aux bourses accordées par l'association. La cité et le restaurant universitaires accueillirent de nombreux jeunes dont la mémoire restera marquée par ce cadre inoubliable.

En 1967, l'université quitta le domaine. On chercha à vendre. Quelques longs mois de triste solitude amplifièrent les disparitions mobilières et achevèrent les dégradations.

Je crois au génie du lieu. Certains sites dégagent une vraie magie. On s'y sent bien. Le parc de Pourtalès fait partie de ces lieux privilégiés. C'est un murmure immense de sérénité, c'est une inspiration de calme.

Les arbres, mieux qu'ailleurs, sont fraternels et ressemblent à des légendes vivantes. Ils vous tendent leurs propos de sagesse qu'on entend certains soirs de promenade silencieuse.

Je revois l'artiste turinois Claudio Parmigiani aller à la découverte des sous-bois, enchanté de son dialogue avec la nature. Tout à côté du château, mais loin des sentiers battus, il s'arrêta en un endroit discret, secret. Là, après avoir bien pris le temps de la terre, après avoir longuement écouté, il choisit de mettre des oreilles aux arbres.

Les arbres écoutent. Je sais aussi qu'ils nous regardent et qu'ils nous parlent.

ÉPILOGUE

# L'Europe de la culture

Voilà donc l'histoire de Mélanie et du château de Pourtalès telle qu'avec passion je me suis attaché à la restituer. Elle se trouvait dans des livres, des lettres et des albums. Comment pourrais-je conclure sans évoquer l'histoire récente qui, elle, ne se trouve encore que dans nos mémoires ? Elle fait partie de la saga. Il convient de ne pas l'occulter et de ne pas l'oublier.

Je me vois donc contraint d'abandonner le rôle d'observateur et c'est en tant qu'acteur que je poursuis, tant ce château est devenu pour moi une préoccupation majeure, emblématique de mon engagement dans la vie publique à Strasbourg.

Certains faits du récit qui va suivre rappelleront peut-être une époque qui fut ingrate envers son patrimoine ; il ne s'agit que d'une dizaine d'années à partir de 1965, mais cette histoire en est une illustration parmi d'autres sans doute.

La minorité active qu'avec quelques amis nous formions alors, s'opposa avec un certain bonheur au délire iconoclaste qui allait s'emparer du monde des décideurs. Roland Oberlé, stimulé par Octave Landwerlin et ses amis, entreprit de militer en faveur de l'Orangerie Klinglin à Illkirch. « Gênante », elle était vouée à la démolition au bénéfice d'un collège de fabrication industrielle. Il réussit. Dans la même ligne, on sauva la façade de l'immeuble qui abritait le poêle des bateliers qui devait laisser place à une station-service, installation aujourd'hui proscrite au centre ville. Le comte Sforza, de son côté, engagea plusieurs batailles dont l'une en faveur de la maison des pères oblats, ancien relais de poste à la Robertsau et qui fut conclue de manière positive.

J'ai rencontré Pourtalès au début des années 1960, au sortir de mes passions littéraires post-adolescentes, imprégné du *Grand Meaulnes*, de *Milly terre natale*, et des *Mémoires d'outre-tombe*. Je compris d'instinct qu'il s'agissait d'un lieu exceptionnel et je n'échappai pas à sa séduction.

C'est le hasard qui m'amena à fréquenter de manière intime le parc et son château que je ne connaissais jusque là que de loin, pour les avoir scrutés lors de mes balades, du haut de la digue du Rhin. J'allais y vivre une quinzaine de jours romantiques dans les pavillons installés provisoirement près du château pour l'accueil des réfugiés de Budapest en 1956.

Dès le premier contact je succombai au charme des grands arbres du parc qui murmuraient une musique secrète dont je ne comprendrais que plus tard l'attachante signification. Il faut bien laisser aux pensées graves le loisir de s'épanouir tout doucement afin qu'elles vous accompagnent avec fidélité.

J'avais vingt ans. Les premiers symptômes se faisaient sentir de cet étrange mal qui fiche le vague à l'âme dès qu'on s'éloigne de l'Alsace. Je rêvais alors à la flèche de la cathédrale comme la boussole rêve à son nord, comme le méhariste songe à l'oasis. Sans doute s'agissait-il d'un des signes constitutifs de ce masochisme alsacien que d'autres ont essayé d'analyser (ou de psychanalyser), sous le nom de particularisme.

Pour moi, il y avait la cathédrale et il y avait le parc…

Comme dans tous les bons scénarios romantiques, rien ne manquait, ni l'étang aux allures de lac lamartinien, ni la barque au clair de lune. Le château se reflétait à travers les roseaux et les parfums de la nuit.

Sa présence dégageait une telle poésie que je ne songeais d'aucune manière à l'interroger. Quelle était son histoire, quel était son destin, quel rôle avait-il joué, à deux pas de la ville ? Il était insolite et dégageait cette séduction mystérieuse propre à toutes les demeures anciennes et hors du commun. À ses côtés, la respiration du Rhin veillé par sa forêt séculaire au cœur de l'Europe, ajoutait à mon émerveillement.

Durant le jour, mes activités m'amenaient à suivre des cours d'initiation au théâtre en un climat de sympathique insouciance. Au pied du pigeonnier nous lisions nos textes, nous préparions nos projets, tout était calme. Pendant ces jours d'été je développais mes rêves d'absolu et, sans que je m'en rende vraiment compte, des liens silencieux et indéfectibles se nouaient avec Pourtalès.

Ma première rencontre avec le parc fut donc un peu irréelle.

Après quelques semaines de séparation, j'y retournai à l'automne pour découvrir, dans l'aile droite du château, le plus curieux des restaurants universitaires.

Chevauchant une Vespa à bout de souffle, je me retrouvais à Pourtalès, hors du temps. Je fis donc partie de ces étudiants qui connurent le bonheur de la vie de château et qui ne se doutaient pas qu'il s'agissait d'une période cruciale pour le domaine, celle qui annonçait le changement inéluctable de sa destinée. Quel site fabuleux pour un restaurant d'étudiants au bout d'un vrai chemin villageois, près d'un petit canal avec son pont à la Van Gogh et ses berges peuplées de sarcelles ! Pendant ces séjours vagabonds, la force magique du lieu se développait et se faisait envoûtante. J'appris alors qu'on ne fréquente pas impunément Pourtalès.

*1970, menaces sur le château.*

Je finissais tout de même par être intrigué : comment cette demeure aristocratique et cossue, encanaillée de tourelles et d'ajouts successifs, avait-elle fini en cantine universitaire ? Quelle était donc son histoire ? De quel rêve émergeait-elle ?

On évoquait bien une famille de Pourtalès, dont seul le nom venait encore habiter le château. À cette approximation près, je ne savais rien de ce lieu dont l'attrait suffisait à mon bonheur estudiantin.

Huit ans plus tard, les réponses à mes interrogations étaient livrées dans un remarquable et désormais introuvable numéro 26 – avril 1968 – de *Saisons d'Alsace*.

Hélas ! les éruptions printanières de l'époque m'avaient écarté des lectures historiques. Cohn-Bendit me fit rater la saga des Pourtalès ! Le romantisme gaulliste et l'appel de la République ne m'autorisaient plus guère de balade au château. En revanche, j'étais en mesure de considérer les choses avec un autre regard, celui de l'apprenti gestionnaire municipal que mon engagement civique déterminé m'avait valu assez jeune : conseiller municipal à vingt-cinq ans.

Je comprenais toutefois assez vite que je n'avais aucun véritable pouvoir pour infléchir le cours des événements, entièrement dominés pendant les « trente glorieuses » par l'obsession du développement, de l'expansion et des taux de croissance. Élu local d'une autre classe d'âge, celle de l'après-guerre, j'étais perdu parmi des anciens habitués à n'être pas dérangés dans l'exercice de leur pouvoir fondé sur leurs propres certitudes. L'environnement et sa sauvegarde auxquels notre génération était si sensible n'intéressaient guère mes collègues de la municipalité.

C'est ainsi que pour implanter le tout-à-l'égout et le grand collecteur-est, personne ne songea le moins du monde à tenir compte des problèmes de paysage et d'esthétique. On choisit un tracé logique et simple, celui qui empruntait le lit du Canal des Français… et tant pis pour l'onde vagabonde, ses roseaux et ses sarcelles, tant pis pour la pièce d'eau du château, asséchée : le canal et l'étang furent rayés de la carte sans aucun scrupule.

Cette époque était réellement iconoclaste car les assécheurs de l'étang du château n'hésitèrent pas à décréter la destruction d'une partie non négligeable de la forêt du Rhin pour y installer des cuves de stockage d'hydrocarbure.

La décision me révolta et, bien qu'isolé parmi les miens, je n'hésitai pas à dénoncer ce qui m'apparaissait comme un comportement barbare. Le refus de m'associer à la destruction du massif forestier de la Robertsau constitua mon premier et spectaculaire acte de rébellion politique.

Le Canal des Français détruit, la forêt amputée, le Rhin aliéné par EDF, allait-on s'arrêter en si bon chemin ? Certes non !

Un beau soir, l'irremplaçable ami Octave Landwerlin sonna l'alarme. Son groupe de disciples, au sein duquel j'étais quelques fois toléré, l'écouta exposer ses craintes de voir le château et le parc tomber entre les mains expertes de promoteurs immobiliers. Ses renseignements l'amenaient à penser que le site et le château lui-même étaient menacés de destruction.

Il s'agissait d'une hypothèse tellement impensable qu'elle nous sembla fantaisiste. Néanmoins, pour en avoir le cœur net et entamer en même temps une opération de sensibilisation de l'opinion publique, Octave me suggéra une mission exploratoire : interpeller le maire Pierre Pflimlin en séance publique du conseil municipal. Le problème serait ainsi posé de manière officielle à la municipalité, à mes collègues conseillers, et surtout, à l'opinion en général.

Mon intervention fit l'effet d'un pavé dans la mare. Elle dérangea les habitudes de l'époque. *Les Dernières Nouvelles d'Alsace* en rendirent compte largement, la télé régionale développa le sujet, si bien que les intentions et les arrière-pensées furent poussées à se dévoiler. Le château était effectivement dans l'œil du cyclone, sa disparition était programmée mais les contre-offensives se mirent en place. Que s'était-il passé au juste ?

Un marchand de biens particulièrement avisé avait engagé des démarches auprès du propriétaire dans le but d'acheter le domaine pour le revendre aussitôt à un groupe de promoteurs auxquels « on » avait laissé entrevoir la possibilité de réaliser un somptueux lotissement au milieu des arbres du parc. Le projet de détruire le château existait bel et bien. On expliquait d'ailleurs de plus en plus fréquemment dans certains milieux autorisés que ce bâtiment était fait de bric et de broc, qu'il n'avait pas la moindre valeur architecturale et qu'en débarrasser l'espace constituait la seule destination à lui assigner.

C'était le temps où des élus du département évoquaient avec sérieux l'idée de détruire, place de la République, le « hideux et anti-fonctionnel » Palais du Rhin, pour édifier en ses lieu et place un bel outil de travail pour le conseil général, avec douze étages de bureaux modernes. Très heureusement ce délire iconoclaste fit long feu. La révélation publique du péril qui menaçait Pourtalès eut pour effet de provoquer la mobilisation des Strasbourgeois.

Jean Christian, président de la Société des écrivains d'Alsace-Lorraine, sensibilisa la population scolaire qui fit circuler une pétition sous forme de dessins et de rédactions. *Paris Match*, *Marie-Claire* et d'autres hebdomadaires nationaux s'intéressèrent à l'événement et lui consacrèrent leurs colonnes. Tant d'émotion dans la capitale alsacienne autour de la sauvegarde d'un élément du patrimoine, à l'époque de *Chefs-d'œuvre en péril* sur tous les écrans, cela ne pouvait laisser les médias indifférents.

Je créai, de mon côté, une association pour la sauvegarde du château, avec des personnalités strasbourgeoises connues, dont

Octave Landwerlin, le comte d'Andlau, l'avocat Claude Riegel, des sportifs éminents et des jeunes élus locaux comme Albert Rey.

Au cours d'une conférence de presse, j'annonçai, péremptoire : « Nous sauverons le château de Pourtalès ! »

Toutes ces actions produisirent leurs effets et je sentis assez nettement que la victoire était proche, lorsque le marchand de biens, contrarié, me téléphona pour me tancer vertement au sujet de l'impertinence de mes positions : de quoi me mêlais-je ?

Bien évidemment, je n'ignorais pas que Pourtalès était domaine privé et qu'il avait par conséquent un propriétaire. Je ne pouvais me faire à l'idée qu'il eût donné son accord pour livrer le château aux démolisseurs, mais est-on jamais sûr de rien ?

Si nous réussissions à le sauver, le domaine n'avait pas pour autant de destin. Pour justifier sa conservation il fallait lui trouver un but. Les partisans du « réemploi » du domaine seraient trop heureux de pouvoir dénoncer l'inutilité et même le gaspillage que constituerait la simple conservation du site en l'état. Il est vrai aussi qu'à cette époque les spécialistes de tout poil, intéressés de près ou de loin par la brocante et les antiquités, s'en donnaient à cœur joie. Combien de pièces de décor et de mobilier, combien de bibelots, de documents divers, de livres, ont alors disparu ? Certains vieux Robertsauviens ont une opinion à ce sujet et l'on évoque de temps à autre l'histoire de la belle cloche sur le toit du château, qui n'y est plus mais se trouverait sans doute quelque part…

D'ailleurs la vente des lettres de Mélanie n'est-elle pas, en soi un mystère ? Qui donc les a mises en vente à l'hôtel Drouot ? Peut-on seulement imaginer qu'il s'agît d'un Pourtalès ?

Jean-Yves Mariotte et Georges Foessel, conservateurs des archives de Strasbourg, racontent qu'il y a quelques années, la femme d'un ferrailleur est venue leur proposer un album de photos de la famille de Pourtalès. Ils l'achetèrent. La « vendeuse » qui ne s'attendait pas à ce bon accueil exprima son étonnement teinté de regrets : « Si j'avais su… Mon mari en a brûlé trois autres il y a quelque temps ! »

En tout état de cause, il semblait alors indispensable de ne pas trop tarder dans la mise en œuvre définitive du sauvetage. Il nous fallait des certitudes et j'espérai l'emporter en proposant, dans mon

Le château de Pourtalès en 1995
Photographie de Bertrand Robert

intervention au conseil municipal, plusieurs idées pour l'occupation du château. Mais une accumulation constitue en réalité la faiblesse d'une stratégie. La bataille n'était pas gagnée.

Pour le maire, l'étape suivante qui aurait dû consister à classer le domaine en zone à urbaniser puis à instruire les permis de construire, ne se serait pas déroulée sans difficultés. Un lotissement dans le parc de Pourtalès aurait eu beaucoup de mal à voir le jour. On imagine quels effets auraient produit la mobilisation spontanée de la population, des manifestations sur le terrain, des recours devant les tribunaux administratifs. Heureusement, ce stade ne fut jamais atteint.

Je ne cessais de harceler la municipalité pour la pousser à acquérir Pourtalès, mais rien n'y fit. Robert Bailliard, premier adjoint chargé des affaires immobilières, m'expliquait avec une infinie mais inhabituelle patience, que la Ville n'était en rien maîtresse de ses achats... Elle avait à se plier aux exigences des services de l'État : si le propriétaire du château demandait un prix précis pour la vente de son domaine, la Ville ne pourrait l'acquérir qu'à condition que l'État juge ce prix conforme à ses propres estimations.

On m'opposait avec constance que la Ville, sous la tutelle de l'État, n'était pas en mesure de suivre les prétentions du vendeur. Étaient-elles donc si déraisonnables pour qu'aucun accord ne fût possible ? La Ville se trouvait-elle si démunie en moyens juridiques pour se voir contrainte d'abandonner le domaine ? Certes non, mais pour en avoir le cœur net, je décidai de me mettre en rapport avec le propriétaire. Je lui écrivis en date du 4 mai 1973 :

> J'avoue que mon intérêt et ma passion pour votre domaine n'ont, jusqu'à présent, guère tenu compte des formes officielles.
> J'étais guidé par un seul souci : faire en sorte que le château et son magnifique parc puissent un jour profiter à tous les Strasbourgeois en ayant une destination culturelle et artistique.
> C'est la mort dans l'âme que la très grande majorité de mes concitoyens et moi-même nous résignerions à apprendre un jour que le domaine devrait être amputé ou détourné de la vocation culturelle qui est la sienne incontestablement.

Maurice Bérard me reçut à déjeuner à son domicile parisien. Il s'était montré sensible à mes préoccupations et à ma démarche. Notre entretien me confirma qu'il n'émettrait pas la moindre réserve à traiter avec la Ville. Bien au contraire. Nous avons été jusqu'à évoquer des chiffres raisonnablement envisageables.

Je rentrai à Strasbourg gonflé de nouvelles illusions dont j'entretins aussitôt Robert Bailliard. Avec une admirable patience il tenta à nouveau de me persuader que les choses n'étaient pas aussi simples. Mes intrusions romantiques et culturelles dans le monde des tractations financières confidentielles constituaient autant de gênes pour les autres protagonistes, si éloignés des préoccupations d'environnement et d'intérêt général.

Le château se situait pour eux, et pour l'omnipotent secrétaire général de la Ville, au-delà d'une sorte de ligne Maginot intellectuelle. Cela n'entrait pas dans leurs schémas.

Il en est allé différemment du parc que les Strasbourgeois découvraient avec jubilation et fréquentaient de plus en plus massivement.

Comment les tractations se sont-elles ensuite déroulées ? Je suis tout à fait incapable de l'expliquer car la décision s'est toujours située au-dessus de mes propres positions, dans les véritables sphères dirigeantes de l'époque.

J'appris un beau jour que le château avait été acheté par un citoyen allemand, le docteur Leibrecht qui y installa son Schiller College.

La Ville ne put faire autrement que de s'intéresser au parc. Les Strasbourgeois l'avaient franchement plébiscité par leur fréquentation.

La ferme Bussierre et ses terres devinrent, quant à elles, propriété d'un homme d'affaires strasbourgeois qui attendait que tous ces terrains, par un changement de zone d'urbanisme, soient affectés à la construction. Ah ! la belle affaire… qui ne se fera jamais. Les temps venaient de glisser imperceptiblement vers une autre ère et cette spéculation, au moins, fut anéantie.

J'éprouvais le sentiment, qui ne m'a pas quitté depuis, d'une grande occasion perdue. Mon travail de harcèlement, les interventions des Robertsauviens et de leurs associations, toute cette mobilisation générale n'avait donc abouti qu'à rendre le parc public. C'était évidemment un résultat appréciable en tant que tel, mais il représentait bien peu de choses au regard de nos ambitions.

Le château, sauvé de la démolition, allait donc connaître une destination privée.

Dans toute cette opération, la municipalité de Strasbourg s'était distinguée par une absence complète de volonté politique. Elle n'avait ni projet ni la moindre envie d'en avoir.

Il restait à recréer le parc, amputé de l'étang asséché. Le service des jardins de la Ville, en 1973, fit comme toujours un travail remarquable, et le parc restauré fut consacré par les Strasbourgeois comme un des hauts lieux de promenade et de détente.

Le nouveau châtelain assistait, intéressé, à ce déferlement de promeneurs dont les rangs grossissaient de dimanche en dimanche. Avant la réfection du parc il avait examiné, certains soirs de découragement, la possibilité de revendre sa propriété à la Ville. Il semblait aujourd'hui rassuré. Du côté de la Ville, l'adjoint compétent et le secrétaire général omnipotent campaient sur leurs positions : pas question d'acheter.

Je rencontrai le docteur Leibrecht à plusieurs reprises, et cet universitaire charmant ne s'est jamais montré hostile à la moindre discussion, à la moindre ouverture qui, décidément, ne se manifestait pas. Son Schiller College connut depuis 1973 des hauts et des bas. Il abritait tantôt beaucoup, tantôt fort peu d'étudiants. Il nous semblait toujours que ce ne pouvait être ces quelque vingt à soixante jeunes américains, allemands, anglais ou africains qui justifiaient le maintien de la privatisation de « notre » château.

En effet, les Robertsauviens considéraient de plus en plus Pourtalès comme leur affaire. Ils y organisaient de grandes fêtes et des rencontres musicales.

Le docteur Leibrecht en homme de culture, mais aussi en gestionnaire opportun comprit très vite que la vie de son château ne pouvait que prospérer s'il la faisait coïncider étroitement avec les temps forts de la Robertsau. Il commença donc par ouvrir timidement un coin de cafétéria pour le plus grand bonheur des promeneurs du dimanche.

*Une nouvelle vocation pour le parc : l'art contemporain*

Nous allions, au cours de l'année 1985, provoquer un événement dont personne ne mesurait l'accélération qu'il allait imprimer à la marche des choses. Tout est né de la rencontre entre Jean Batigne, Claude Aubry – musiciens robertsauviens de l'orchestre philharmonique de Strasbourg – Yves Le Tallec, Raymond Roumégous et Germain Muller.

Ensemble nous fondâmes une association, Art Fondation Mélanie, dont le but était de réaliser des animations culturelles au château, de mettre en valeur son intérêt patrimonial et de réaliser une grande fête. Jean Batigne, professeur de percussions et compositeur, se montrait enthousiaste et rêvait à un projet grandiose. Il nous suggérait la participation de l'orchestre philharmonique, des Ballets du Rhin, de son groupe de percussions Macumba, de comédiens comme Dinah Faust, de groupes de musique tzigane. Enfin, nous tenions à associer à l'événement toutes les associations de la Robertsau.

Nous nous mîmes donc en piste. Des mois de travail acharné et d'innombrables réunions allaient ainsi déboucher sur un week-end inoubliable.

Le grand feu de la Saint-Jean chauffé par les rythmes de Macumba et de ses percussions, les envolées de montgolfières, les défilés de chevaux, de voitures anciennes, de gymnastes, de footballeurs, de vélos 1900, les charrettes anciennes des commerçants et artisans, les accents majestueux de la Moldau magnifiés par le « philhar », les ballets de maître Sarelli, le carrousel pour enfants, les chiens boxers en démonstration, les tambours suisses, la silhouette émouvante de Dinah Faust, la supervision de Germain Muller, la scénographie de Roumégous, tout était prévu pour concourir à la réussite du plus bel événement de plein air strasbourgeois dans le plus attachant des cadres.

Après le dernier coup de collier, au cours de la matinée ensoleillée du vendredi, où l'on vit le président de la Caisse d'épargne d'Alsace s'intégrer à une équipe zélée de manutentionnaires préposés bénévolement à la mise en place de trois mille chaises, tout fut prêt.

La fête allait être grandiose, le spectacle exceptionnel !

Vers 22 heures, au moment du démarrage, en un quart d'heure insidieusement mûri depuis le milieu de l'après-midi, juste au moment où le philharmonique allait entrer en scène, ce fut le plus brutal, le plus sombre, le plus dévastateur, le plus fourbe, le plus immoral de tous les orages. Colère, tristesse, sentiments funestes de tous les organisateurs. Au bout d'une cruelle saucée la pluie prit sa récréation. Le ciel crépusculaire traversé d'éclaircies nous laissa imaginer un moment de répit. Avec une foi totalement irrationnelle, nous nous mîmes à espérer d'autant plus fortement que plusieurs dizaines de spectateurs pourtant anéantis par les trombes d'eau étaient restés là, assis devant la scène, convaincus que le spectacle allait avoir lieu.

Comment trahir une telle conviction ? Cela nous semblait impossible. On ne résiste pas au courage déclaré. Il fallut toutefois se résigner à abandonner la soirée pour se retrouver le lendemain. La participation de tous les dirigeants d'associations fut en elle-même un sujet de réconfort. Entre deux averses ils renouèrent, ce dimanche matin, avec les traditions du quartier. Plus d'un, en défilant sur son vélocipède 1900, sur les chevaux du club équestre de l'Étrier ou sur son char à bancs début de siècle, se souvenait des fêtes passées : le messti qui faisait accourir tout Strasbourg, le cortège de la Saint-Fiacre qui se dirigeait jadis de l'église Saint-Louis jusqu'au Baeckehiesel, à l'Orangerie.

La mémoire vivante de la Robertsau s'exprimait là et personne ne fut insensible à la tentative de retrouver les rites festifs du passé. Jeunes et moins jeunes, solidaires face à la météorologie se promirent de recommencer…

Après une ultime ondée vers 13 heures, ce fut le répit prolongé pour le reste de l'après-midi. C'est là que nous mesurâmes pleinement l'immensité du gâchis. Par files entières, de manière incessante, la foule se dirigeait vers le parc.

L'effet immédiat de notre campagne en faveur de la fête au château fut la redécouverte par beaucoup de cet endroit merveilleux. L'attraction qu'il exerçait sur les Strasbourgeois en fut renforcée.

Jadis domaine privé illustré de manière prestigieuse, négligé au milieu du siècle, voué à un sort funeste au début des années 1970, Pourtalès renaissait et, jamais plus qu'en ces jours trempés de juin 1985, l'espoir ne semblait promesse plus rayonnante.

En tout cas, loin de nos grandes ambitions culturelles, la cafétéria et le salon de thé du château s'agrandirent, une petite galerie d'art traditionnelle s'installa, le restaurant gastronomique se développa. Le docteur Leibrecht ne se souvint plus très bien s'il souhaitait ou ne souhaitait plus faire affaire avec la Ville de Strasbourg.

Sincèrement attaché au château où il avait choisi dorénavant de vivre lui-même, il n'exerçait, dans tous les cas, aucune influence négative sur nos actions. Bien au contraire, avec une élégance « mécénale » toute platonique, il se montrait ouvert à tout ce qui pouvait valoriser le site.

Il poussa bien, de temps à autre, vers les bureaux de la mairie, un projet immobilier d'installation hôtelière dans le parc, sans réelle conviction et donc sans illusion.

La situation néanmoins était anachronique, antinomique. Voilà donc un propriétaire privé abritant un collège international allemand, destiné à former des étudiants étrangers aux métiers de l'hôtellerie et de la restauration, situé dans un parc public entretenu par la Ville et destiné à la détente et aux loisirs de tous les Strasbourgeois.

L'un y développe des projets culturels d'intérêt public, l'autre des projets privés à finalité commerciale. Aucun des deux n'établit de dialogue institutionnalisé avec l'autre et chacun développe ses projets selon ses désirs du moment.

Qu'il y ait dans le parc un salon de thé et des possibilités de restauration, qu'elles soient gérées par des professionnels privés, voilà qui est tout à fait naturel, et même souhaitable. Mais que les choses se mettent en place d'un côté comme de l'autre, au gré des inspirations ou des fantaisies, personne ne peut y trouver de satisfaction.

Toutefois, le docteur Leibrecht, en achetant cette partie du domaine, a contribué à sauvegarder le château en y effectuant les investissements indispensables à le rendre à nouveau habitable.

Trois ans plus tard, alors que la fête avait bien mûri dans nos esprits, au point que seule une idée de revanche positive nous animait, Germain Muller vint m'entreprendre.

Nous étions en 1988 et Strasbourg venait de découvrir qu'elle était âgée de deux mille ans, justement cette année-là. Le fait d'être à quelques mois des élections municipales constituait un hasard heureux mais n'avait évidemment aucun rapport avec les conclusions scientifiques et historiques qui avaient ainsi déterminé le prestigieux bimillénaire.

Un événement de cette dimension devait se fêter comme il convenait. Grand-maître des cérémonies, Germain Muller inventa un programme de réjouissances étalées sur l'ensemble du territoire municipal et de l'année préélectorale. Tout fut prétexte à de petites fêtes, des réceptions, des buffets gigantesques, des illuminations, des défilés carnavalesques. Bien entendu, le souci d'associer tous les quartiers animait loyalement le comité d'organisation, mais aucun souvenir éblouissant n'a marqué les mémoires.

Les projets fous de Raymond Waydelich avaient été évacués en douceur. Il n'y aurait donc pas de machine à écrire géante place Gutenberg pour célébrer l'inventeur de l'imprimerie, pas de catafalque pharaonique à l'Orangerie pour y enterrer les traces de la civilisation strasbourgeoise de l'an de grâce 1988... destiné aux archéologues de l'an 2488 ! Seul l'incontournable et génial Tomi Ungerer réussit à circonvenir Germain, Marcel Rudloff et Pierre Pflimlin, au cours de harcelantes soirées winstub. Son « arc de triomphe », intitulé officiellement « aqueduc », fut adopté après d'incroyables péripéties politico-diplomatiques. Pour ma part j'y étais hostile car l'affaire relevait du gag. Un gag aseptisé et dispendieux.

On se souviendra de cette remarque de Germain Muller face à nos objections argumentées : « Si les briques à l'ancienne ne symbolisent pas la modernité de notre époque, tant mieux. Dans cinquante ans les gens finiront par croire que l'aqueduc date réellement du temps des Romains ! » Ou encore de cette réplique de Tomi Ungerer aux élus qui lui faisaient le reproche de créer une fausse ruine : « C'est vous, messieurs, qui êtes de vraies ruines ». Ce mot cruel était sans doute une prémonition exprimée sous la protection du maire et de Germain, à quelques mois de l'historique échec municipal.

Le talent de Germain Muller était infiniment plus pertinent quand il s'agissait d'inventer des fêtes. Les feux d'artifices, les illuminations de bâtiments anciens, les réjouissances musicales avec spectacle de plein air ponctuaient alors la vie strasbourgeoise, sans élan génial, mais avec un certain bonheur.

C'est tout naturellement qu'on me demanda d'inscrire une édition actualisée de la Fête au Château au calendrier des événements de 1988. Je lançai un nouvel ordre de mobilisation générale et, avec Yves Le Tallec et tous les amis de la Robertsau, nous plongeâmes dans cette nouvelle aventure. L'expérience précédente nous permit de rationaliser notre engagement en utilisant mieux notre potentiel-temps, compte tenu de la connaissance précise du déroulement des événements. Il est vrai qu'il y eut moins de stress, moins de perte d'énergie, en un mot, plus de « professionnalisme gratuit et bénévole ».

Juin 1988 vint couronner nos efforts. La météo qui fut priée d'être brillante s'exécuta. La fête fut donc un succès total. Près de quatre mille spectateurs samedi soir étaient réunis pour vivre un enchantement par une douce soirée d'été robertsauvien.

Au cours de ces années, il y eut quelques petits épisodes qui méritent d'être racontés. L'un d'eux concerne l'accès des visiteurs.

L'administration municipale, dans son souci d'efficacité, présenta à plusieurs reprises, de manière subreptice, et sans se décourager, un projet destiné, pensa-t-elle, à faciliter l'accès du domaine au nombreux promeneurs.

La belle et romantique allée centrale qui conduit au château et qui date du début de son histoire, était souvent très encombrée les dimanches et jours de fête. Quelques accrochages, heureusement bénins ont eu lieu entre des voitures, des vélos et des piétons. Il fallait donc permettre une meilleure circulation.

Pas une seconde on n'émit l'idée que les véhicules pouvaient et devaient être réellement interdits dans l'enceinte du parc. Le parking, relativement confortable que j'avais fait aménager à l'entrée, pouvait contenir une bonne quantité de véhicules et il suffisait ensuite de franchir à pied la centaine de mètres qui séparait les promeneurs de leur but. Il est vrai que les hôtes du restaurant, eux, demandaient à pouvoir garer leur véhicule à proximité de leur table ! Il restait aussi à prendre en compte le problème des pensionnaires du château. L'accès arrière pouvait facilement résoudre ces deux dernières préoccupations.

À ma grande surprise, les services de la Ville argumentèrent en faveur d'un projet destructeur d'environnement qui, de plus, officialisait l'accès automobile jusqu'au château !

C'est le service des espaces verts qui défendit avec insistance cette proposition. Elle consistait tout simplement à combler de manière définitive ce qui restait du Canal des Français : le tronçon en contrebas et en parallèle de l'allée d'accès.

C'était bien ce chenal qui alimentait jadis l'étang.

Le combler pour le goudronner, l'aménager en voie d'accès et créer ainsi un aller-retour pour voitures, voilà ce que souhaitait l'administration et, sans nul doute derrière elle, le propriétaire du château.

On prit donc prétexte de quelques accrochages sans aucune conséquence mais évidemment inadmissibles, pour proposer la pire des solutions. Si elle avait été mise en œuvre, un pas de plus était franchi dans l'irréversibilité et le non retour vers la restitution de notre patrimoine.

Je m'y opposai farouchement et obtins gain de cause auprès de mes collègues. Une ultime tentative fut entreprise par les mêmes services, sans doute actionnés par le même interlocuteur, après le changement de municipalité. On espérait que ma position minoritaire éteindrait l'efficacité de mon opposition. Je dois à la vérité de dire qu'après mon vigoureux plaidoyer en faveur de la préservation du site, les collègues de la majorité municipale en 1990, décidèrent, sans l'ombre d'une hésitation, d'abandonner le projet destructeur.

Pourquoi suis-je aussi déterminé dans le maintien de ce tronçon de canal ? Tout simplement parce que dans les tiroirs des urbanistes existent des propositions de restauration du Canal des Français et de remise en eau de l'étang. Nous sommes quelques-uns à caresser l'espoir de revoir un jour les lignes du château à nouveau bercées par la pièce d'eau restituée.

Avec la même détermination et, dois-je le confesser, la même jalouse opposition, je me suis toujours irrité contre des projets de constructions nouvelles dans le parc. Après le projet, qui a fait long feu, de lotissement de grand standing, ce fut au tour du docteur Leibrecht de tenter des offensives nouvelles en faveur de résidences hôtelières qui viendraient compléter et développer ses activités.

Ce site a un destin, qu'on lui permette donc de l'accomplir.

Le domaine de Pourtalès fait aujourd'hui partie du patrimoine des Strasbourgeois, dans leur imaginaire aussi bien que dans leur vie quotidienne.

À deux pas du Parlement européen, du Conseil de l'Europe, du palais des droits de l'homme, Pourtalès, par la densité de son passé, semble avoir un rôle clair : participer à l'Europe de la culture.

On prête à Jean Monnet cette parole : « Si je devais recommencer l'Europe, je le ferais par la culture. » Cette Europe-là, invisible et essentielle, est authentique. Elle constitue le fondement de tout processus unificateur. Ce sont des lieux chargés de symboles, comme le château de la Robertsau, qui doivent pouvoir contribuer à façonner l'unité européenne. Dès lors, pourquoi ne pas y dessiner pour l'avenir ce grand projet d'Europe de la culture et des rencontres ?

Avec l'équipe du Centre européen d'actions artistiques contemporaines, nous avons ouvert des pistes solides, et l'installation d'un jardin de sculptures contemporaines semble, jusqu'à présent, susciter l'adhésion.

Les *Arbrorigènes* silencieux et hiératiques, la magie d'*Il bosco guarda e ascolta*, le *Bowler* facétieux, la tribu de lutins de *Leur Lieu*, ont d'ores et déjà réuni en ce parc des créateurs anglais, italien, français.

De manière très spontanée et sans recherche de programmation à long terme, des événements musicaux, chorégraphiques, ludiques se déroulent au château régulièrement.

Pourtalès est désigné pour accueillir la culture. Il ne s'agit là, après tout, que de moderniser une belle tradition. La Ville de Strasbourg ne dispose pas d'un tel lieu où le prestige et la charge historique viennent côtoyer la faveur du public. Permettre la rencontre de l'Europe de la culture et d'un public en quête de rêve et d'émotion constitue une très belle ambition.

J'imagine le domaine acquis par les collectivités d'Alsace : la région, le département, la Ville et la communauté urbaine qui, toutes ensemble, encouragées par l'État et les assemblées européennes, lui assigneraient officiellement cette destinée.

Il s'y développerait à n'en pas douter une vraie création artistique : festivals, colloques littéraires, politiques et philosophiques, résidences d'artistes, ateliers, cependant que le parc s'enrichirait de nouvelles œuvres européennes.

Le cœur de l'Europe de la culture pourrait battre en ce lieu prédestiné, situé entre le Rhin et la cathédrale. Mélanie rêvait d'un tel destin et le réalisait à sa façon ; sa fille Agnès de Loÿs-Chandieu fit fructifier l'héritage.

Il serait dommage, à l'aube du XXI$^{e}$ siècle, de manquer ce rendez-vous.

## *Repères bibliographiques*


Henri d'ALMERAS, *La Vie parisienne sous le Second Empire*, Albin Michel, 1933

Élisabeth de BERCKHEIM, Journal manuscrit

Robert BURNAND, *La Vie quotidienne en France de 1870 à 1900*, Hachette 1948

Madame de CARETTE, *Souvenirs intimes de la cour des Tuileries,* Paul Ollendorf, 1891

André CASTELOT, *Napoléon III,* Librairie Perrin, 1974

Jules DELAFOSSE, *Figures contemporaines,* Calmann-Lévy, 1899

Alain DECAUX, *La Castiglione,* Librairie Perrin, 1964

François DREYFUS, *Le Temps des révolutions,* Larousse poche, 1968

Georges FOESSEL - Roland OBERLÉ, *Histoire de Strasbourg,* La Nuée Bleue DNA, 1982

Comte FLEURY - Louis SONOLET, *La Société du Second Empire,* Albin Michel, 1913

Louis GIRARD, *Napoléon III,* Fayard, 1986

Pierre de La GORCE, *Histoire du Second Empire,* 1905

Emmanuel HAYMANN, *Pauline de Metternich,* Librairie Perrin, 1991

François IGERSHEIM, *Politique et administration dans le Bas-Rhin 1848-1870,* PUS, 1993

Edmond de POURTALÈS, *Chronique d'un château d'Alsace : la Robertsau ; Saisons d'Alsace* n° 26

Robert REDSLOB, *Entre la France et l'Allemagne, souvenirs d'un Alsacien,* Plon, 1933

Madame Frédéric RÉGAMEY, *Châteaux d'Alsace, la Robertsau* ; *Revue alsacienne illustrée,* 1905

Freddy SARG - Patrick HAMM - Jean WILLER - Francis KNAUS, *La Robertsau et ses quartiers environnants vers 1900,* Le Verger, 1988

Philippe SEGUIN, *Louis Napoléon le Grand,* Grasset, 1990

VIEIL-CASTEL, *Mémoires*

Alfred WAHL - Jean-Claude RICHEZ, *La Vie quotidienne en Alsace entre France et Allemagne, 1850-1950,* Hachette 1993

## Table

Impression et finition
Saint-Paul France S.A., 55000 Bar le Duc
Dépôt légal : octobre 1995
N° 9-95-1161